RENO-
VAÇÃO
RADI-
CAL

M667r Mintzberg, Henry.
　　　　Renovação radical : uma estratégia para restaurar o equilíbrio
　　　e salvar a humanidade e o planeta / Henry Mintzberg ; tradução:
　　　Francine Facchin Esteves. – Porto Alegre : Bookman, 2015.
　　　　199 p. : il. ; 18 cm.

　　　　ISBN 978-85-8260-361-1

　　　　1. Sociedade civil. 2. Capitalismo – Aspectos sociais. 3. Democracia. I.
　　　Título.

　　　　　　　　　　　　　　　　　　　　　　　　　　CDU 316.323.6

Catalogação na publicação: Poliana Sanchez de Araujo – CRB 10/2094

HENRY MINTZBERG

RENOVAÇÃO RADICAL

Uma estratégia
para restaurar o equilíbrio
e salvar a humanidade
e o planeta.

Tradução:
Francine Facchin Esteves

2015

Obra originalmente publicada sob o título
Rebalancing Society

ISBN 9781626563179

Copyright © 2015, Berrett-Koehler Publishers, Inc., CA, USA.

Gerente editorial: *Arysinha Jacques Affonso*

Colaboraram nesta edição:

Editora: *Mariana Belloli*

Capa, projeto gráfico e editoração: *Paola Manica*

Reservados todos os direitos de publicação, em língua portuguesa, à BOOKMAN EDITORA LTDA., uma empresa do GRUPO A EDUCAÇÃO S.A.
Av. Jerônimo de Ornelas, 670 – Santana
90040-340 – Porto Alegre – RS
Fone: (51) 3027-7000   Fax: (51) 3027-7070

Unidade São Paulo
Av. Embaixador Macedo Soares, 10.735
Pavilhão 5 – Cond. Espace Center
Vila Anastácio – 05095-035 – São Paulo – SP
Fone: (11) 3665-1100   Fax: (11) 3667-1333
SAC 0800 703-3444 – www.grupoa.com.br

É proibida a duplicação ou reprodução deste volume, no todo ou em parte, sob quaisquer formas ou por quaisquer meios (eletrônico, mecânico, gravação, fotocópia, distribuição na Web e outros), sem permissão expressa da Editora.

IMPRESSO NO BRASIL
PRINTED IN BRAZIL

Dedico este livro àqueles de quem tomamos a Terra emprestada, na esperança de que eles sejam mais inteligentes do que nós.

SUMÁRIO

A questão fundamental   9

1. O TRIUNFO DO DESEQUILÍBRIO   14

   A longa marcha dos EUA ao desequilíbrio: 1789–1989   15

   O fim do pensamento: 1989–____ ?   20

   Passando do limite: a partir de 1989   24

   De economia de mercado à sociedade corporativa   28

   Não apenas nos EUA   30

   Um desabafo contra o desequilíbrio, não contra as empresas   34

2. DA EXPLORAÇÃO DE RECURSOS À EXPLORAÇÃO DA NOSSA CAPACIDADE   37

   Um mundo que explora seus recursos   38

   Um mundo que explora nossa capacidade   42

3. TRÊS PILARES PARA SUSTENTAR UMA SOCIEDADE EQUILIBRADA   46

   As consequências da esquerda e direita   47

   Setores público, privado e plural   52

   Bem-vindo ao setor plural   55

   A queda (e ascensão?) do setor plural   67

   Burro, estúpido e fechado   72

   Uma sociedade equilibrada é possível?   75

4. RENOVAÇÃO RADICAL ... 80

    Ideais nobres e questões simples ... 81

    Sem governos, não agora ... 82

    Não espere milagres da RSC ... 84

    Uma visão dos movimentos e das iniciativas do setor plural ... 87

    Reversão imediata ... 88

    Regeneração generalizada ... 93

    Reformas consequentes ... 96

    Em direção a uma democracia equilibrada ... 100

    Esperança no futuro? ... 107

5. VOCÊ, EU E NÓS
NESTE MUNDO CONTURBADO ... 114

    Abrindo nossos olhos ... 116

    Chegando lá ... 118

    A pergunta de Irene ... 119

    Vivendo uma vida decente ... 121

    Mudando o mundo de novo ... 122

Apêndice ... *125*

Referências ... *146*

Índice ... *161*

Notas ... *177*

Sobre esta empreitada ... *194*

A QUESTÃO FUNDA-MENTAL

Basta!

Basta deste desequilíbrio que está destruindo a democracia, o planeta e nós mesmos.

Basta do pêndulo da política de esquerda e direita, bem como da paralisia do centro político. Basta das garras visíveis do *lobby* no lugar da mão invisível da concorrência. Basta da globalização econômica que enfraquece os estados soberanos e as comunidades locais. Será que já não exploramos suficientemente os recursos do planeta, incluindo nós mesmos como "recursos humanos"?

Muito mais pessoas estão preocupadas com esses problemas do que mostram as manifestações nas ruas. A vontade das pessoas está lá; o entendimento do que está acontecendo e como lidar com essas questões não está. Fomos inundados por explicações conflitantes e soluções contraditórias. O mundo em que vivemos precisa de uma renovação radical sem precedentes na experiência humana. Este livro sugere um modelo integrado para seguir em frente.

O triunfo do desequilíbrio

Quando os regimes comunistas no Leste Europeu começaram a entrar em colapso em 1989, os especialistas do mundo ocidental tinham uma explicação já pronta: o capitalismo havia triunfado. Eles estavam completamente errados, e as consequências agora estão se mostrando fatais.

Foi o desequilíbrio que triunfou em 1989. Ao mesmo tempo em que aqueles regimes comunistas estavam totalmente desequilibrados, com muito poder concentrado nos setores públicos, os países bem-sucedidos do mundo ocidental tinham equilíbrio suficiente nos setores público, privado e no que se pode chamar de plural. Mas a partir daí, o fracasso em compreender o que ocorria acabou por desequilibrar muitos países em favor dos setores privados.

Bem-vindo ao setor plural

Há três setores importantes na sociedade, não apenas dois. O setor menos compreendido é conhecido por vários nomes, incluindo "setor sem fins lucrativos", "terceiro setor" e "sociedade civil". Chamá-lo de "plural" pode ajudá-lo a ganhar lugar ao lado dos chamados setores público e privado, indicando também que é formado por diversas associações humanas.

Considere todas essas associações, que não são públicas nem privadas – de propriedade nem do estado nem de investidores do setor privado – como fundações, locais de oração, sindicatos, cooperativas, Greenpeace, Cruz Vermelha, muitas universidades e hospitais renomados. Alguns são de propriedade dos seus membros; a maioria não tem proprietário. Também se incluem aí os movimentos sociais organizados para protestar – o que algumas pessoas consideram inaceitável, como vimos recentemente no Oriente Médio, e iniciativas sociais, geralmente de pequenos grupos comunitários, que buscam uma mudança necessária (por exemplo, energia renovável).

Apesar da visibilidade de todas esses movimentos, o setor plural se mantém surpreendentemente desconhecido, ignorado por muito tempo nos grandes debates entre a esquerda e a direita. Não é possível encontrar esse setor entre os outros dois, como ocorre com uma linha reta. É um lugar tão diferente dos setores privado e público quanto estes são diferentes entre si. Então, imagine uma sociedade equilibrada como uma banqueta com três pernas fortes: um setor público de governantes respeitados, capaz de garantir a nossas proteção (com políticas e regulamentos); um setor privado de empresas responsáveis, fornecedoras de serviços e produtos; e um setor plural de comunidades fortes, onde encontramos muitas das nossas afiliações sociais.

A recuperação do equilíbrio

Como recuperamos o equilíbrio das nossas sociedades? Algumas pessoas acreditam que a resposta está no setor privado, com mais responsabilidade social corporativa. Certamente precisamos mais disso, mas quem acredita que a responsabilidade social corporativa compensará a irresponsabilidade social corporativa está vivendo no país das maravilhas. Outras pessoas esperam que os governos democráticos ajam vigorosamente. Eles realmente precisam fazê-lo, mas isso não vai ocorrer se estados públicos continuarem a ser dominados por direitos privados, tanto domésticos como globais.

Resta, portanto, apenas um setor: o plural. Ele não é formado por "eles", mas por você, eu, nós, agindo em conjunto. Temos que nos engajar em muito mais movimentos e iniciativas sociais, para desafiar práticas destrutivas e substituí-las por práticas construtivas. Vamos deixar de ser recursos humanos a serviço do desequilíbrio, e, em vez disso, utilizar nossa capacidade como seres humanos a serviço de nossas crianças e nosso planeta.

1. O TRIUNFO DO DESEQUILÍBRIO

UMA SOCIEDADE DESEQUILIBRADA, com poder concentrado em uma elite privilegiada, pode estar pronta para uma revolução. As colônias dos EUA, em 1776, estavam prontas para uma revolução, assim como a Rússia no início do século 20. Muitos países também estão prontos hoje, incluindo alguns dos chamados democráticos.

O problema da revolução é que ela geralmente substitui uma forma de desequilíbrio por outra. À medida que algumas pessoas entre os que não têm voz ganham poder, elas tendem a levar a sociedade a algum novo extremo. Lênin prometeu ao povo russo uma "ditadura do proletariado". Em vez disso, a revolução trouxe uma ditadura do Partido Comunista, exercida pelo setor público. Esse novo regime pode ter atendido certas necessidades coletivas, mas à custa das liberdades individuais. Os Estados Unidos tomaram outra direção, embora tenham levado 200 anos até chegar ao desequilíbrio.

A longa marcha dos EUA ao desequilíbrio: 1789–1989

As sementes desse desequilíbrio germinaram na Revolução Americana. Os Estados Unidos não inventaram a democracia, mas deram impulso a uma forma particularmente individualista dela. As pessoas se revoltaram contra o regime autoritário da monarquia britânica e, portanto, colocaram o sistema de *checks and balances* (freios e contrapesos) na sua constituição. Embora isso tenha limitado o poder do governo ao garantir certo equilíbrio entre executivo, legislativo e judiciário, não impôs limitação constitucional ao poder dos indivíduos e instituições não estatais.

Consequentemente, o país prosperou e se tornou um modelo mundial de desenvolvimento, tanto social e político como econômico. Para as pessoas que buscavam oportunidades e fugir da tirania, os EUA se tornaram o lugar ideal. Até mesmo para aqueles que ficaram em casa, era o modelo a seguir.

Esse modelo funcionou apenas enquanto o país manteve uma espécie de equilíbrio. O poder dos indivíduos e das instituições privadas tinha que ser limitado. Essa responsabilidade caiu sobre o governo, na forma de leis e regulamentos, e sobre as comunidades que sustentavam as normas sociais prevalentes.

Com o enfraquecimento do governo e das comunidades locais nos últimos anos, esse equilíbrio se perdeu. Ainda assim, o modelo dos EUA continua o preferido por boa parte do mundo. É melhor compreender, portanto, o que está acontecendo com os EUA se quisermos encontrar uma forma de recuperar o equilíbrio.

A ascensão das corporações

As instituições não estatais dos Estados Unidos são principalmente de dois tipos: empresas privadas (com fins lucrativos) e comunidades e outras associações (sem fins lucrativos). Em seu estudo pioneiro *Democracy in America in the 1830s* (A democracia na América), Alexis de Tocqueville reconheceu as comunidades e associações como genuinamente americanas e fundamentais para a democracia do país (1840/2003: 115). Ele preferiu a palavra *associações*, mas também eram chamadas naquela época de "corporações", assim como algumas empresas também o eram. Com o setor privado ganhando cada vez mais influência, contudo, a palavra *corporação* acabou ficando associada mais exclusivamente a empresas.

A Constituição dos EUA não fazia menção a corporações, muito menos concedia a elas liberdades. As liberdades eram garantidas para pessoas, no espírito das palavras imortais de Thomas Jefferson na Declaração da Independência que "consideramos verdades evidentes que todos os homens são criados iguais". Na época, "homens" significava pessoas do sexo masculino brancas com propriedades. Essas restrições de gênero, cor e situação financeira foram posteriormente eliminadas, mas não antes da decisão em 1886 pela Suprema Corte de garantir o direito de propriedade com um gravame: as corporações foram reconhecidas como "pessoas" com "igualdade de proteção perante a lei."[1] Conceder a elas igualdade de proteção fez toda a diferença. ==Das liberdades individuais consagradas na Constituição dos EUA surgiram direitos para corporações privadas.==

Thomas Jefferson e Abraham Lincoln muito desconfiavam dessas corporações. Jefferson disse esperar "esmagar... em seu nascimento a aristocracia das nossas corporações endinheiradas, que já ousam desafiar nosso governo pela força". E Lincoln temia que as "corporações fossem entronizadas" pela Guerra Civil, de forma que a riqueza ficasse "concentrada em poucas mãos e a república... fosse destruída... Que Deus permita que minhas suspeitas sejam infundadas". Deus não atendeu a esse desejo. Em vez disso, 22 anos depois, a Suprema Corte concedeu pessoalidade às corporações, como mencionado anteriormente.

Isso ocorreu em uma época de crescimento dos grandes consórcios empresariais (monopólios gigantescos de óleo, aço e outros setores, criados por pessoas que ficaram conhecidas como "barões usurpadores"). No fim, esses consórcios foram derrotados pela lei da concorrência de 1890 e 1914, e o desequilíbrio foi enfrentado pelo New Deal do presidente Franklin Roosevelt, durante a Grande Depressão de 1930, bem como pelos programas assistenciais posteriores à Segunda Guerra. Ao mesmo tempo, porém, estava em andamento a Guerra Fria, período em que os gastos em defesa dos EUA se igualaram aos do resto do mundo, todos os países combinados. Então, um terceiro presidente republicano demonstrou preocupação com a influência das corporações: Dwight David Eisenhower indicou que um "complexo militar-industrial" teria "potencial para o crescimento desastroso do poder inadequado".

Dogma de apoio da economia

Apoiar a marcha em direção ao desequilíbrio é uma perspectiva econômica que se tornou um dogma dominante (Hayek 1944; Friedman 1962). Na forma mais audaciosa, esse dogma se centrou em um "homem econômico" para quem a ganância é boa, a propriedade é sagrada, os mercados são suficientes e os governos são suspeitos. Como *um* ponto de vista da sociedade humana, faz algum sentido; como *o* ponto de vista da sociedade humana, não faz sentido algum.

Mas o fato de não fazer sentido algum não freou a marcha em direção ao desequilíbrio. Na verdade, acelerou-a, fornecendo uma justificativa formal para os direitos corporativos. A economia pode estar mudando agora (nas margens, pelo menos), mas o dano foi feito: como a ganância virou um culto, os direitos de propriedade puderam andar livremente e muitos mercados perderam o controle. Em 1989, 200 anos após a Constituição dos EUA entrar em vigor, o palco estava preparado para a queda livre do país rumo ao desequilíbrio.

O fim do pensamento: 1989–____?

O comunismo, e a esquerda política em geral, serviu como uma contenção modesta ao capitalismo, falando sempre de suas fraquezas. Mas à medida que os regimes comunistas do Leste Europeu começaram a entrar em colapso em 1989, essa contenção também entrou em colapso. Afinal, se os governos sob o comunismo comprovaram-se ruins, então, certamente todos os governos tinham que ser contidos. "O capitalismo triunfou!" declararam especialistas ocidentais em 1989. Eles estavam errados, completamente errados. O Muro de Berlim ainda estava de pé quando um artigo na revista americana *National Interest*, sob o título *The End of History?* (O fim da história?) (Fukuyama, 1989 – sem o ponto de interrogação em seu livro de 1992), declarou o capitalismo não apenas o melhor sistema da época, ou o melhor sistema já inventado, mas o melhor sistema para sempre.

> O que podemos estar testemunhando não é só o fim da Guerra Fria, ou a passagem de um determinado período da história do pós-guerra, mas o fim da história como tal: ou seja, o ponto final da evolução ideológica da humanidade e a universalização da democracia liberal ocidental como forma final de governo humano. (p. 1)

O comunismo de Karl Marx foi declarado morto, vida longa ao livre mercado de Adam Smith, pelo menos como retratado em uma passagem do livro dele de 1776 sobre uma "mão invisível" que leva os açougueiros, padeiros e cervejeiros – homens livres no mercado – a servir a sociedade servindo-se. "Não é da benevolência do açougueiro, do cervejeiro ou do padeiro que esperamos nosso jantar, mas de sua preocupação com seu próprio interesse". A humanidade (pois tudo isso era sobre o "homem econômico") tinha atingido a perfeição, graças à ganância implacável. As comportas para o poder privado agora estavam bem abertas.

Não importa que em 1989 os americanos estivessem recebendo grande parte de sua carne, cerveja e pão de corporações gigantes, com posições superiores em seus mercados. Não importa também que essas empresas fossem capazes de exercer uma influência significativa sobre a vida de muitas pessoas que entregaram a carne, cerveja e pão para eles, bem como sobre os governos dessas pessoas. O mundo de Adam Smith pode ter passado há muito tempo, mas não a crença peculiar nesta passagem dele. Não foi a história que terminou, mas o pensamento, já que todos nós, homens e mulheres econômicos, fomos poupados do peso de contemplar nosso futuro.

Até mesmo para os padrões da América neoconservadora, a arrogância de Fukuyama foi monumental. Mas ele não estava sozinho. O economista moderado Paul Krugman, vencedor de um daqueles prêmios do Banco da Suécia em Ciências Econômicas (erroneamente chamado de Nobel[2]), concorreu com um artigo de revista *Fortune* de 2000 que dizia: "O homem econômico está finalmente livre": "tanto a economia americana como o sistema de livre mercado que ela sintetiza parecem ter triunfado... Quaisquer alegações futuras sobre um sistema que supera o mercado livre enfrentarão grave ceticismo". Krugman acrescentou, bem profeticamente:

> Formuladores de políticas e o público estão agora dispostos... a ficar com os mercados, mesmo quando se comportam mal... Basicamente, as empresas terão permissão para ganhar dinheiro como quiserem na crença de que a mão invisível irá direcioná-las mais ou menos ao lugar certo.

O que Krugman e Fukuyama falharam em não abordar foi uma questão simples, apresentada mais tarde por John Kay, um economista que continuou pensando: "O marxismo falhou porque foi o grande projeto errado, ou porque todos os grandes projetos para sistemas econômicos são mal concebidos?". (2003: 192). ==Dito de outro modo, será que nós, pessoas sociais, não podemos ser maiores que a teoria econômica?==

==Este livro desafia o dogma que vê todos nós levados a competir, coletar e consumir nosso caminho ao esquecimento neurótico.== Que alguns de nós optem por isso é indiscutível. Que muitos de nós fazendo isso constitua uma ameaça à nossa sobrevivência coletiva também se tornou indiscutível. No lugar desse dogma, este livro oferece um modelo integrador, com base nas nossas predisposições sociais, políticas e econômicas, como forma de restaurar o equilíbrio da sociedade.

Passando do limite: a partir de 1989

Em 1989, os Estados Unidos da América tinham 200 anos. As palavras a seguir foram escritas há 200 anos:

> A idade média das maiores civilizações do mundo é de 200 anos. Grandes nações ascendem e caem. As pessoas vão da servidão à verdade espiritual, à grande coragem, da coragem à liberdade, da liberdade à abundância, da abundância ao egoísmo, do egoísmo à complacência, da complacência à apatia, da apatia à dependência, da dependência à volta da servidão.[3]

Os Estados Unidos passaram por muitos desses estágios até 1989, mantendo características de cada um deles. Será que um retorno à servidão está ocorrendo agora?

O que triunfou em 1989, relativamente falando, foi o equilíbrio. Os regimes comunistas do Leste Europeu estavam gravemente desequilibrados, com muito poder concentrado nos setores públicos. Em contraste, os países bem-sucedidos chamados de ocidentais demonstraram mais ou menos um equilíbrio de poder entre os três principais setores da sociedade: público, privado e plural.

Mais no caso de países como Alemanha e Canadá, menos nos Estados Unidos. Ainda assim, em comparação com o que veio depois de 1989, os Estados Unidos ainda atenuavam as forças dos mercados e do individualismo com vários serviços de bem-estar público, regulamentos substanciais para empresas e tributação significativa de indivíduos ricos e corporações. Na verdade, "a América emergiu da Segunda Guerra com o governo, o mercado e a sociedade civil [o setor plural] trabalhando juntos em um equilíbrio mais saudável, mais dinâmico e mais criativo do que em qualquer outro momento desde os anos anteriores à Guerra Civil" (Korten 1995: 88).[4]

Mas não entender essa necessidade de equilíbrio levou o país a um ponto crítico, ao desequilíbrio. Pois se o capitalismo realmente havia triunfado, os economistas então estavam certos e as corporações eram os heróis. Elas haviam salvado o mundo da ameaça comunista. Mas se o equilíbrio havia triunfado, então, os excessos do setor privado precisavam ser contidos, naquele momento e naquele lugar. Aconteceu o contrário: esses excessos aceleraram.

Não é que as empresas estejam formando algum tipo de conspiração orquestrada. É verdade, às vezes agiram em conjunto para aumentar a sua influência, como quando suas associações fizeram *lobby* para baixar os impostos. Mas efeito bem maior tem impulso constante de tantas forças privadas, cada uma perseguindo seus próprios interesses – para a criação de brechas fiscais, extensão dos subsídios do governo, aplicação deficiente dos regulamentos e assim por diante – aplicado sobre os órgãos públicos que se tornaram cada vez menos capazes e inclinados a resistir.

Somam-se as consequências de tantas ações deliberadas, mas díspares – todo o *lobby* e litígio, manobras e manipulação – e o país acabou com o equivalente a um golpe de estado. A mão invisível de Adam Smith no mercado americano tornou-se uma garra visível no congresso americano. Tocqueville identificou o motor da sociedade americana como "interesse próprio bem compreendido". Agora o país encontra-se subjugado pelo próprio interesse fatalmente mal-compreendido.[5]

Pense no quanto o poder mudou na América desde 1989: por exemplo, a significativa concentração da riqueza no 1% mais rico da população e as decisões do Supremo Tribunal que abriram as comportas para as doações políticas. "Apenas uma geração atrás, excluir as corporações da arena política não era apenas concebível e discutível, mas também era a lei em alguns estados [americanos]" (Nace 2003: 233). De volta a "meados da década de 1980, o presidente Ronald Reagan revisou o sistema tributário depois de saber que a General Electric... estava entre dezenas de corporações usando esquemas de contabilidade para não pagar impostos. 'Não sabia que as coisas tinha ficado tão fora de linha assim'", disse ele (Kocieniewski 2011a). De 2008 a 2012, 26 das grandes corporações americanas, incluindo a General Electric e a Boeing, não pagaram qualquer imposto federal (Drawbaugh e Temple-West 2014). Na frente global, no que diz respeito ao meio ambiente, o Protocolo de Montreal, de 1987, tratou do problema da camada de ozônio, como "resultado de uma cooperação internacional sem precedentes" (Bruce 2012). Agora temos conferência após conferência sobre aquecimento global, com resultados que seriam risíveis se o assunto em questão não fosse tão importante.[6] (O apêndice descreve vários aspectos do nosso estado atual de desequilíbrio.)

De economia de mercado à <u>sociedade corporativa</u>

Diz-se que a fase final da escravidão é quando você já não se percebe como escravo. O Leste Europeu sob o comunismo nunca chegou a esse estágio. Eles compreendiam bem demais o quão escravizados estavam pelo seu sistema de governo. Mas quantos de nós em tantos países percebemos agora até que ponto nos tornamos escravos de nossas próprias estruturas econômicas? Será que reconhecemos até que ponto nossas economias de mercado tornaram-se sociedades corporativas, em que *business as usual* é tudo, menos *business*? ==Quando uma economia de livre iniciativa torna-se uma sociedade de iniciativas livres, são os próprios cidadãos que já não são mais livres.==[7]

Quando o Muro de Berlim caiu, levou consigo muito da esquerda do espectro político de muitos países. Como os governos do Leste Europeu foram desacreditados, muitos foram persuadidos a desacreditar todos os governos. Essa visão foi especialmente predominante onde a população já suspeitava há muito do governo. Suspeitar é uma coisa; outra, totalmente diferente, é a incompreensão coletiva do papel do governo em uma sociedade equilibrada. Os eleitores que ignoram, impensadamente, esse papel geralmente têm o governo que merecem. (Alguns artigos meus sobre isso estão listados em uma seção ao fim das referências.)

Pode-se dizer que *socialismo* tornou-se um palavrão na América, deixando a impressão de que há algo errado com coisas sociais, e o *capitalismo* representa todas as coisas certas. Na verdade, o que agora vemos é um verdadeiro capitalismo *adjetivado:* capitalismo sustentável, capitalismo atento, capitalismo inovador, capitalismo democrático, capitalismo regenerativo, capitalismo inclusivo. A implicação é que, se conseguirmos o capitalismo certo, tudo ficará bem novamente.

Como é que a palavra *capitalismo*, cunhada para descrever a criação e o financiamento de empresas privadas, destinadas a fornecer produtos e serviços comerciais, acabou representando o início e o fim da existência humana? O capitalismo é uma maneira de executar os serviços públicos ou julgar sua eficácia, uma maneira de entender as necessidades de educação e cuidados de saúde, uma maneira de organizar nossas vidas sociais e expressar nossos valores como seres humanos? O capitalismo estava destinado a nos servir. Por que muitos de nós estamos agora o servindo? Ou como o Papa Francisco disse recentemente: "dinheiro deve servir, não governar".

Nos Estados Unidos em particular, o setor privado agora domina a sociedade de maneira tal que dificilmente algum tipo de atividade política conseguirá desalojá-lo. A restauração do equilíbrio, portanto, exigirá uma forma de renovação sem precedentes na história americana.

Não apenas nos EUA

Ao final de uma palestra sobre esse assunto há alguns anos, um sueco me perguntou por que eu dei tanta ênfase aos Estados Unidos na minha fala. Certamente, países como a Suécia eram mais equilibrados.

Talvez, eu respondi, mas por quanto tempo? Os Estados Unidos podem estar liderando a marcha ao desequilíbrio, mas dificilmente estão marchando sozinhos. Um grande número de países está se desequilibrando pela influência do dogma econômico em conluio com uma globalização que está suprimindo muitas coisas locais. Em um número surpreendente de países, os ricos estão ficando cada vez mais ricos, enquanto o nível de renda dos demais está estagnado e os problemas sociais aumentam. Meu próprio país, o Canadá, há muito conhecido pelo seu equilíbrio e benevolência, tornou-se outro líder de torcida dessa visão unilateral do desenvolvimento. Há uma mesquinhez crescente em meu país que acho alarmante, liderada por, mas não limitada a, nosso atual governo. Se o Canadá sucumbiu, será que a Suécia está longe? (Veja box a seguir.)

Então, não importa onde você vive: se você deseja manter o equilíbrio em seu próprio país e ajudar a parar o que poderia ser o fim da nossa história, sugiro que entenda o que está acontecendo nos Estados Unidos, especialmente se você é americano. (Uma seção ao final do apêndice apresenta evidências sobre a situação da democracia nos Estados Unidos 25 anos após o triunfo do capitalismo.)

DIREITOS PÚBLICOS OU LUCROS PRIVADOS?

Uma série de acordos recentes de comércio bilateral incluiu tribunais de mediação e arbitragem que permitem que empresas privadas processem os estados soberanos, cujas leis ou regulamentos (até mesmo em matéria de saúde, cultura e meio ambiente) eles vejam como tendo reduzido "o valor de [seus] lucros ou lucros futuros esperados" (Nace 2003: 257). Algumas corporações têm usado esses tribunais não tanto para processar os estados, mas para ameaçá-los com essa possibilidade, obtendo um "efeito inibidor na legislação" (Monbiot 2013).

Em dezembro de 2013, o *New York Times* publicou um artigo e um editorial discutindo como o "grande tabaco" estava usando tais litígios para "intimidar" e "amedrontar" os países pobres ao redor do mundo, pressionando-os a revogar regulamentos destinados a controlar o consumo de tabaco. O Ministro da Saúde da Namíbia relatou receber "pacotes e pacotes de cartas da indústria sobre as suas tentativas de reduzir o tabagismo entre as mulheres jovens" (Tavernise 2013). Em referência ao Tratado Norte-Americano de Livre Comércio, um funcionário canadense também relatou ter visto "as cartas de escritórios de advocacia de Nova York e Washington chegando ao governo canadense a praticamente cada nova regulamentação ambiental nos últimos cinco anos". Uma empresa farmacêutica chegou a "exigir que as leis de patentes do Canadá sejam (fossem) alteradas" (Monbiot 2013).

Em seu artigo sobre esses cortes de arbitragem, referidos no título como "um assalto frontal e total contra a democracia", George Monbiot escreveu:

<u>As regras são fiscalizadas por painéis que não têm a proteção esperada em nossos tribunais. As audiências são mantidas em segredo. Os juízes são advogados corporativos, muitos dos quais trabalham para empresas relacionadas ao tema. Os cidadãos e as comunidades afetadas por suas decisões não participam do processo. Não há direito de recurso ou apelação.</u>

Uma ONG rotulou isso como "um sistema de justiça privatizada para corporações globais", e um juiz dessas cortes teria dito: "fico surpreso que estados soberanos concordem com [tal] arbitragem". Enquanto escrevo isto, a União Europeia está negociando um acordo comercial com os Estados Unidos. Como consequência, o *lobby* dominante nos Estados Unidos foi para Bruxelas com toda força, em boa parte escorado em grandes escritórios de advocacia dos Estados Unidos (Lipton e Hakim 2013).[8]

Se conseguirem instalar essa corte de arbitragem, essas "negociações podem se tornar padrões globais de facto" (Hakim e Lipton 2013), já que a União Europeia e os Estados Unidos respondem por metade do comércio do mundo. Se, no entanto, os europeus mantiverem sua posição, esse pode ser o fim desses tribunais e um incentivo às cortes nacionais para que os descartem como ultrajante violação dos direitos dos cidadãos.

Um desabafo contra o desequilíbrio, não contra as empresas

Se o texto até agora (e o Apêndice) soar como um desabafo, deixe-me avisá-lo de que é mesmo, por uma boa razão. Estamos fartos de tudo isso.

Por favor, não leve isso como um desabafo contra as empresas. Valorizo as empresas que competem com responsabilidade trazendo produtos e serviços que valem a pena. Faço refeições em restaurantes maravilhosos, trabalho com editoras dedicadas, compro alguns produtos muito criativos. Tenho um profundo respeito pelas empresas que me respeitam. Felizmente, continuam a existir muitas assim, grandes e pequenas.

Mas tenho igualmente um profundo desdém pelas empresas que tentam me explorar com produtos de má qualidade, serviços indiferentes, preços estonteantes e uma publicidade falsa. Essas empresas estão aumentando, graças ao desejo implacável de crescimento de um mercado financeiro frenético. Da mesma forma, tenho profundo desdém pelas empresas que procuram *nos* explorar: usando propaganda política para influenciar opiniões sobre questões públicas, levando folhetos do governo em nome da livre iniciativa, gastando grandes somas em *lobby* para reforçar suas posições privilegiadas. Em 1952, nos Estados Unidos, 32% de todos os impostos foram pagos por corporações; em 2010, esse número caiu para 9%. ==Há um tea party em andamento, para as grandes empresas, sob o lema "não tributação *com* representação".==

Em seu *Devil's Dicionary*, publicado pela primeira vez em 1906, Ambrose Bierce definiu corporação como "um dispositivo engenhoso para obter lucro individual sem responsabilidade individual". Pode ser engenhoso, mas conseguiremos continuar a tolerar? Partiremos agora para uma comparação do mundo que temos com um mundo que poderia existir.

"Quando uma economia de livre iniciativa torna-se uma sociedade de iniciativas livres, são os próprios cidadãos que já não são mais livres."

2. DA EXPLORAÇÃO DE RECURSOS À EXPLORAÇÃO DA NOSSA CAPACIDADE

PODEMOS EXPLORAR os recursos do mundo, sejam eles terra, água, ar ou as criaturas que os habitam, incluindo nós mesmos como "recursos humanos". Ou podemos explorar nossa capacidade natural.[9]

Um mundo que explora <u>seus recursos</u>

Algumas empresas exploram, por exemplo, para criar produtos inovadores. Outras exploram, às vezes de maneira construtiva para, digamos assim, trazer preços mais baixos; outras vezes, de maneira destrutiva, espremendo trabalhadores, fornecedores e clientes, em vez de construir relações sustentáveis com eles. Uma economia saudável favorece os exploradores que se servem servindo-nos. Economias demais agora estão agora favorecendo os exploradores que se servem às nossas custas.

Observe o resgate financeiro de algumas empresas em situação precária e o subsídio e isenção fiscal concedidos para algumas das mais ricas. Considere as revelações de fraude e outras formas de má conduta corporativa que ficam impunes. (Se você deseja infringir a lei e ficar fora da cadeia, sugiro que seja empresário, não um operário.) O problema é que, reforçando suas posições estabelecidas, os exploradores estão sugando muito da riqueza do mundo.

Não espere que os economistas corrijam esse problema. Eles trabalham no elevado campo das teorias abstratas e estatísticas agregadas, enquanto a economia funciona aqui no chão, onde os produtos são feitos e os clientes, servidos. Aqui é o lugar em que o problema está piorando, na má gestão de muitas grandes empresas só para se ter bônus rápidos. E então é aqui que a economia terá de ser corrigida, com paciência e determinação, empresa por empresa. (Ver "Rebuilding American Enterprise" em www.mintzberg.org/enterprise.)

Explorando as externalidades

Em um mundo de exploração, posso fazer o que eu quiser com minha propriedade, independente de consequências sociais e ambientais prejudiciais. Os economistas têm uma palavra conveniente para essas malditas consequências: *externalidades*. Isso significa que, enquanto algumas pessoas ganham com os benefícios tangíveis do que detêm, todo mundo paga os custos intangíveis, como o ar poluído pela fábrica de alguém e os colapsos mentais de trabalhadores que a empresa "enxuga". (Esse processo de demitir pessoas em grande número tornou-se o derramamento de sangue de nossa época — a cura para todas as doenças corporativas.)

Mas não fique achando que são só *eles*. Sou eu, também. E você.

Pense no simples exemplo do lixo. Onde eu moro, posso jogar fora o quanto eu quiser, não me custa nada. Além disso, reciclar exige esforço. Por que eu deveria me preocupar?

A falha fatal deste pensamento é que ==não há atividade humana alguma sem externalidades, e elas estão se acumulando a índices insustentáveis==. O lixo pode ser de graça para mim, mas não é de graça para nós. ==O que muitos de nós podemos pagar, o nosso planeta não pode: nossos microcomportamentos estão reproduzindo uma macrodestruição.==

Economistas nos dizem que se tivermos dinheiro, podemos: dirigir carros beberrões, acumular posses além do que podemos usar, comer gulosamente enquanto nossos vizinhos passam fome. A oferta e demanda cuidará do problema. (Diga isso a um vizinho faminto.) Então, em vez de parar as práticas destrutivas, tentamos fixar um valor para reduzir a demanda. Essa ideia é fundamentalmente perversa: só os ricos têm como se dar ao luxo. Mas o que acontece com a vida na Terra quando muitos de nós podemos pagar esses luxos enquanto tantos outros estão esperando para entrar na festa? Será que a lei da oferta e demanda chegará a funcionar quando for tarde demais? ==Mergulhe nesses dois fundamentos da teoria econômica – nosso direito de consumir tudo o que podemos pagar e de se desprender das externalidades – e observe os comportamentos que estão na parte mais profunda.==

Mercados competitivos são maravilhosos, desde que, no espírito de Adam Smith, eles sirvam a sociedade em geral. O que vemos em vez disso são *mercados de direito*, que beneficiam algumas pessoas à custa de muitos outros: mercados de hipotecas subprime, de altos salários para executivos, de alumínio reciclado. Em um relatório investigativo de uma página inteira no *New York Times*, David Kocieniewski (2013a) descreveu a "dança coreografada pela Goldman Sachs para explorar normas tarifárias criadas por uma troca de mercadoria no exterior" para reciclagem de alumínio. Em três anos, foi relatado que a empresa extraiu US$ 5 bilhões desse mercado pelo simples de fato de armazenar e deslocar o produto entre depósitos. Imagine se comportamentos assim fossem tratados como roubo manipulativo em vez de apenas corrupção legal.

John Maynard Keynes fez uma declaração que se tornou famosa: "Em longo prazo, estaremos todos mortos". Por "nós", ele quis dizer cada um de nós, não todos nós: não há um *nós* coletivo na economia dominante. Mas é o coletivo *nós* que agora está ameaçado — ecologicamente, politicamente, socialmente, até mesmo economicamente — e o longo prazo está ficando cada vez mais curto.

Em nome da liberdade, estamos sofrendo de individualismo: cada pessoa e cada instituição empenha-se em obter o máximo de si, ignorando as necessidades da sociedade e de um planeta ameaçado.[10] Já chega das palavras inteligentes de Keynes. Melhor ouvirmos as sábias palavras do Cacique de Seattle, o antigo aborígine que disse: "não herdamos a terra de nossos antepassados; pegamos emprestado de nossos filhos".

Um mundo que explora nossa capacidade

Não tivemos "ismos" suficientes que deram poder a poucos enquanto marginalizavam tantos outros?

Depois do monarquismo e feudalismo veio o capitalismo e o comunismo, e o fascismo mais tarde. Agora o capitalismo tornou-se o fim da história. Sob o comunismo russo, os *apparatchiks* se apoderaram da "ditadura do proletariado" do país; Agora, sob a versão atual do capitalismo, a livre iniciativa está se apoderando da democracia do povo livre. O *comunismo* e o *capitalismo* são rótulos para sistemas que promovem o privilégio desmerecido. Para reverter a expressão russa pré-1989, "o comunismo é a exploração do homem pelo homem. O capitalismo é o oposto".

Parafraseando T. S. Eliot, precisamos parar de explorar para que possamos chegar aonde começamos e saber nosso lugar pela primeira vez. Isso implicará explorar nossa capacidade, individual e coletivamente. Nós, seres humanos, somos grandes exploradores — e de ideias criativas, não apenas de petróleo. Na verdade, somos bastante engenhosos — para beneficiar-nos, claro, mas também para o bem maior. Explorar também pode nos tornar mais produtivos porque, enquanto a explotação esgota nossos recursos, a exploração energiza nossa capacidade. (Consulte o box a seguir.)

O AR FRESCO
DOS RECURSOS

Mary Parker Follet apresentou um estudo em 1925 sobre três maneiras de lidar com conflitos, uma das quais era sua preferida.

A primeira ela chamou de **dominação**: a vitória de um lado sobre o outro. O problema é que o outro lado "simplesmente esperará sua chance de dominar". Já vi isso em várias revoluções e vemos muito disso em nosso desequilíbrio atual. A segunda maneira ela chamou de **conciliação**: "cada lado cede um pouquinho para estabelecer a paz". Mas, com nenhum dos lados satisfeitos, Follett concluiu que os conflitos continuarão voltando. Temos visto muito disso por aqui também.

Follett prefere uma terceira maneira, que ela chamou de **integração**: mover o debate para outro lugar, voltando ao básico para encontrar um denominador comum:

> A integração envolve invenção... e a coisa mais inteligente é reconhecer isso e não deixar o pensamento ficar dentro dos limites das duas alternativas que são mutuamente excludentes. Em outras palavras, nunca se deixe intimidar por uma situação "ou um, ou outro"... Encontre um terceiro caminho.

Follett usou um exemplo simples. Ela estava em uma sala pequena de uma biblioteca, onde alguém queria a janela aberta, para entrar ar fresco. Mas ela queria a janela fechada, para evitar a corrente. Então, abriram a janela da sala ao lado. Essa solução nem foi brilhante ou criativa, apenas engenhosa. Bastaram duas mentes abertas e alguma boa vontade.

Hoje precisamos desesperadamente de mais ar fresco.

Em uma economia robusta, crescimento é julgado pelas qualidades aprimoradas, não apenas medido pelas quantidades produzidas. Uma economia não apenas se expande; ela desenvolve-se, qualitativa e socialmente. Então, como chegar a esse ponto?

"O que muitos de nós podemos pagar, o nosso planeta não pode: nossos micro-comportamentos estão reproduzindo uma macrodestruição."

3. TRÊS PILARES PARA SUSTENTAR UMA SOCIEDADE EQUILIBRADA

NO ROMANCE DE JAMES CLAVELL, *Shogun*, a japonesa diz a seu amante britânico, confuso com o estranho mundo em que ele se encontra naufragado: "É tão simples, Anjin-san. Basta mudar seu conceito do mundo".

Para recuperar o equilíbrio, também temos que mudar nosso conceito do mundo. Um bom lugar para começar é reformulando a dicotomia política que por dois séculos reduziu nosso pensamento a uma linha reta.

ESQUERDA ──────────────── DIREITA

As consequências da esquerda e direita

Desde o fim do século 18, quando os plebeus sentaram-se à esquerda dos oradores nas legislaturas francesas e o *ancien régime* à direita, encontramo-nos imersos em grandes debates sobre esquerda *versus* direita, estados *versus* mercados, nacionalização *versus* privatização, comunismo *versus* capitalismo e assim por diante. Uma praga nas duas casas. Tivemos idas e voltas suficientes entre dois extremos inaceitáveis.

O capitalismo não é bom porque o comunismo se mostrou ser ruim. Levados aos seus limites dogmáticos, ambos são fatalmente falhos. "Sempre que a escolha for entre um mercado voraz e um estado regulador, estaremos presos em uma espiral descendente desmoralizante" (Bollier e Rowe 2011: 3). Em termos políticos contemporâneos, muitos países agora balançam infrutiferamente entre a esquerda e a direita, enquanto outros estão paralisados no centro político.

O pêndulo e a política paralisada

É surpreendente como muitos eleitores agora se alinham obedientemente de um lado ou de outro no espectro político. Esquerda ou direita, a maioria dos eleitores enxerga tudo como preto e branco. A discussão deu lugar à rejeição e a confiança, à suspeita, enquanto a sordidez ocupa o centro do palco.

A quantidade de países divididos uniformemente entre esses eleitores é ainda mais surpreendente. "Entre 1996 e 2004 [americanos] viveram em uma nação 50-50, em que o total dos votos do partido mal se mexeu em cinco eleições seguidas" (Brooks 2011d).

Nessas eleições, alguns eleitores no centro definem o vencedor. Eles podem querer moderação, mas por ter que votar em um ou outro, muitas vezes obtêm dominação: o partido eleito leva o país para muito além do pretendido pelos eleitores, para servir a uma minoria ignorando a maioria, incluindo pessoas que ajudaram a elegê-lo. Os egípcios em 2012 elegeram a irmandade muçulmana, enquanto os americanos em 2000 que votaram no "conservadorismo simpático" de Bush receberam a trágica guerra no Iraque.

Esses eleitores de centro eventualmente se cansam e mudam — se ainda têm escolha — e o país acaba na política de pêndulo: para cima vai para a direita e para baixo vai para a esquerda, até que para cima vai para a esquerda e para baixo vai para a direita, pois cada lado pretende eliminar as realizações do outro. Ou então o país fica para cima de um lado, e o líder eleito se torna um ditador.

Países com o maior número de eleitores moderados tendem a ter uma política mais moderada, com governos mais próximos ao centro. Essa pode ser uma situação melhor, com tendência à conciliação. Mas como Mary Parker Follet salientou (veja o box do Capítulo 2), essa situação traz seus próprios problemas. Coalizões de conciliação, de *facto* ou de *jure*, tem que negociar tudo, esquerda e direita. O país pode acabar com microssoluções para seus macroproblemas ou, pior ainda, cair em um impasse político.

Poder para quem está preparado

Enquanto a política passa por impasse ou oscila infrutiferamente, a sociedade não está paralisada: o poder privado prolifera. Ao mesmo tempo em que os políticos debatem mudanças marginais em suas assembleias paroquiais ou fazem pronunciamentos nobres em grandes conferências no exterior, grandes corporações engordam seus direitos, derrubando sindicatos, reforçando cartéis, manipulando governos[11] e fugindo de impostos e regulamentos. Esse comportamento é comemorado por economistas, que festejam a liberdade do mercado, enquanto o mundo cai no desequilíbrio.

Protestando contra o que é e confundindo quanto ao que deveria ser

Nos últimos anos, protestos eclodiram em várias partes do mundo – por exemplo, no Oriente Médio, durante as ditaduras e, no Brasil, contra a corrupção. Os Estados Unidos têm passado por ocupações da esquerda e movimentos do Tea Party, da direita, os dois mais claros sobre a que se opõem do a que se propõem. Por exemplo, incluído nas "Non-negotiable Core Beliefs" (crenças fundamentais não negociáveis) no *site* do Tea Party encontram-se os seguintes princípios: "A posse de armas é sagrada" e "interesses especiais devem ser eliminados". O *lobby* de armas não é, aparentemente, um interesse especial!

Os manifestantes nas ruas do Oriente Médio não estavam confusos. Além de empregos e dignidade, estavam nas ruas por liberdade e democracia – a liberdade de eleger seus líderes. Mas isso é o que estavam rejeitando os ocupantes das ruas nos EUA: a liberdade do 1%, uma democracia de corrupção legal, a liberdade da livre iniciativa. Os manifestantes do Egito conseguiram eleger seus líderes: veio a irmandade muçulmana. Bem-vindo à democracia do século 20!

Então, voltaram para as ruas, desta vez mais claros sobre o que eles não queriam do que o que eles queriam. O exército removeu a irmandade, com consequências que agora parecem terríveis. Espero que os egípcios bem-intencionados descubram como resolver essa confusão, porque muitos de nós no Canadá agora temos a mesma preocupação: como fazer um governo integrar nossas necessidades legítimas em vez de favorecer interesses mesquinhos.

Alguns especialistas do mundo ocidental que foram rápidos no entendimento dos primeiros protestos no

Oriente Médio disseram-se confusos pelos protestos mais perto de casa. "Tem uma queixa? Bem-vindo à causa", encabeçou o *International Herald Tribune* (Lacey 2011). Sim, as queixas têm variado — desemprego, disparidades de renda, bônus para os executivos dos bancos, aquecimento global. Mas o que está por trás da maioria desses protestos — no oriente e no ocidente, norte e sul, esquerda e direita — deveria ser óbvio para qualquer pessoa que se preocupa em chegar ao ponto: as pessoas estão cansadas do desequilíbrio social.

Então, não, obrigado, a um centro conciliador bem como à política de pêndulo entre esquerda e direita, que sustentam o desequilíbrio. Precisamos mudar nosso conceito do mundo político.

Setores público, privado e plural

Séculos de debate sobre a esquerda *versus* direita têm dado a impressão de que a sociedade tem apenas dois setores significativos: o público e o privado. Na verdade, são três, e o outro talvez seja o mais significativo hoje, pois pode ser a chave para recuperar o equilíbrio da sociedade.

Dobre as extremidades da linha política formando um círculo na figura a seguir. Esta perspectiva pode nos levar de uma política de dois lados para uma sociedade de três setores, representando governos, empresas e comunidades.

> A força em todos os três setores é necessária para uma sociedade ser equilibrada. Imagine-os como as pernas de uma banqueta — ou pilares, se quiser — na qual uma sociedade saudável deve se sustentar: um setor público de forças políticas enraizadas em governos de respeito, um setor privado de forças econômicas com base em empresas responsáveis e um setor plural de forças sociais ancoradas em comunidades resistentes (Korten 1995; Marshall 2011: Capítulo 20).

Os setores público e privado são mostrados à esquerda e à direita da parte superior do círculo, pois suas instituições funcionam principalmente em hierarquias de autoridade, fora da base. O setor plural é mostrado na parte inferior porque suas associações tendem a ser enraizadas na base; podemos todos obter serviços de instituições do setor público e privado, mas todos nós somos o setor plural.

Em outras palavras, ==uma sociedade democrática equilibra necessidades individuais, coletivas e comunais, atendendo cada uma adequadamente, mas não excessivamente.== Como indivíduos em nossas economias, exigimos empresas responsáveis para muitos de nossos empregos e para a maioria do nosso consumo de bens e serviços. Como cidadãos de nossas nações e do mundo, exigimos governos respeitados para muitas de nossas proteções, físicas e institucionais (como policiamento e regulamentos). E como membros de nossos grupos, exigimos comunidades robustas para muitas de nossas afiliações sociais, seja praticando alguma religião ou engajando-se em uma comunidade cooperativa.

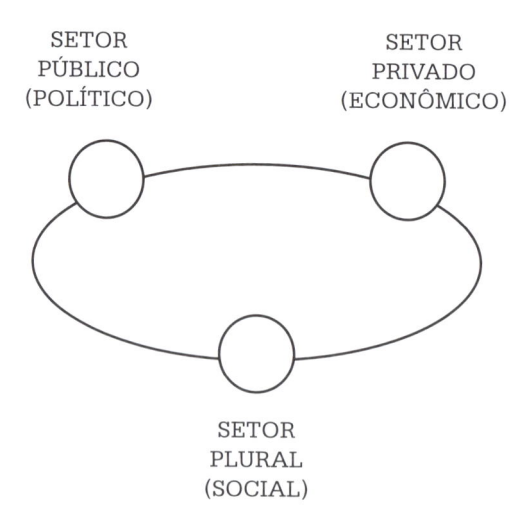

SETOR
PÚBLICO
(POLÍTICO)

SETOR
PRIVADO
(ECONÔMICO)

SETOR
PLURAL
(SOCIAL)

As sociedades chamadas de comunista e capitalista tentaram se equilibrar em uma perna. Não funciona. A primeira foi incapaz de satisfazer muitas das necessidades de consumo do seu povo; a segunda está falhando em satisfazer algumas das necessidades mais básicas de proteção para seus cidadãos. Tentar equilibrar a sociedade sobre duas pernas, uma pública, outra privada — como muitos países agora fazem — pode ser melhor, mas não está funcionando bem, por causa dessas políticas de conciliação. A chave para a renovação, portanto, é a terceira perna: ==tomando seu lugar juntamente com os setores público e privado, o setor plural não só pode ajudar a manter o equilíbrio na sociedade, mas também liderar o processo de reequilíbrio da sociedade, que necessitamos desesperadamente.==

Bem-vindo ao setor plural

"Se os homens devem se tornar ou permanecer civilizados, a arte de se associar deve crescer e melhorar" (Tocqueville 1840/2003: 10). Sendo assim, vamos analisar o setor que melhor estimula essa atividade.

O que há no setor plural?

A resposta está na própria palavra: um grande número de atividades. Todas são associações (como Tocqueville usou o termo), mas apenas algumas delas são instituições formais, no sentido de serem legalmente incorporadas. É o caso de cooperativas, organizações não governamentais (ONGs), sindicatos, ordens religiosas, além de muitos hospitais e universidades. Associações menos formais incluem *movimentos sociais*, pelos quais pessoas se juntam para protestar contra alguma prática que julgam inaceitável; e *iniciativas sociais*, geralmente de pequenos grupos em comunidades, reivindicando mudanças necessárias. Metaforicamente falando, os movimentos sociais materializam-se nas ruas enquanto as iniciativas sociais funcionam com os pés no chão. Os dois são encontrados no setor plural, pois oferecem a autonomia necessária para desafiar o *status quo*, com uma liberdade relativa dos controles dos governos do setor público e as expectativas dos investidores do setor privado.

O que essas atividades têm em comum e as distinguem do que acontece nos setores público e privado? A resposta é propriedade: o setor plural compreende todas as associações de pessoas que não são de propriedade do Estado nem de investidores privados. Algumas são de propriedade dos integrantes; outras não têm proprietário. As cooperativas são de propriedade de seus membros – por exemplo, os clientes de uma cooperativa de varejo e os trabalhadores de uma cooperativa industrial. Cada membro tem uma única ação que não pode ser vendida a qualquer outro membro. Uma propriedade semelhante pode ser encontrada em associações profissionais e *kibutzim* (comunidades israelitas). Poucas pessoas percebem a extensão do movimento cooperativo. A Amul, uma cooperativa leiteira na Índia, tem 3 milhões de membros. Mondragon, na região basca da Espanha, é a maior cooperativa de trabalhadores do mundo, com 80 mil funcionários, em negócios que variam de supermercados à fabricação de maquinário. Os Estados Unidos têm aproximadamente 30 mil cooperativas, com 350 milhões de associados, mais do que toda a população do país.

Muitas outras entidades são de propriedade de ninguém: fundações, clubes, ordens religiosas, grupos de reflexão, ONGs ativistas como o Greenpeace e ONGs de serviço como a Cruz Vermelha. Quase todos os hospitais no Canadá se enquadram nessa categoria: eles podem ser financiados pelo governo, mas não são propriedade do governo. Nos Estados Unidos, esse número chega a 70%. Chamados de "voluntários", esses hospitais podem ser sustentados por doadores, mas não são de propriedade deles ou de qualquer outra pessoa. Aqui está incluída a maioria dos hospitais de renome do país; a maioria das grandes universidades também não é de propriedade de ninguém. (Aliás, uma delas, a Universidade de Chicago, foi a casa de muitos dos economistas que alardearam a supremacia do setor privado. Se o capitalismo é tão bom para todo mundo, por que não foi bom o suficiente para esses economistas?) Ganhando atenção hoje em dia está a *economia social*, compreendendo as associações do setor plural engajadas no comércio. As cooperativas são exemplos óbvios — são empresas, mesmo que de propriedade de seus membros — da mesma forma que muitas associações sem dono, como capítulos da Cruz Vermelha que oferecem aulas de natação.

Por serem de propriedade de seus membros ou de ninguém, as associações do setor plural podem ser mais igualitárias e flexíveis e, portanto, menos formais na estrutura se comparadas com empresas e departamentos governamentais. De fato, muitas das atividades nesse setor sequer são estruturadas. Imagine uma comunidade que se organiza para lidar com um desastre natural ou um grupo de amigos que se reúne para lutar contra uma ameaça ambiental. Na verdade, é assim que o Greenpeace começou. Algumas pessoas sentadas em uma sala de estar em Vancouver receberam um telefonema de um repórter de jornal perguntando sobre o movimento do meio ambiente, e uma delas deixou escapar que iriam protestar contra um teste de armas na costa do Alasca. Eles juntaram uma grana em um concerto, compraram um barco velho de pesca, o nomearam de Greenpeace e se mandaram. A foto do barquinho na frente do casco de um navio gigantesco virou ícone da organização.

A obscuridade do setor plural

Apesar dessa variedade de atividades, com muitos de nós envolvidos e muitas tão destacadas, é notável o quão obscuro o setor plural é em si. Ter sido ignorado nesses grandes debates sobre esquerda *versus* direita obviamente não ajudou.[12] As atividades do setor plural variam em todo o espectro político; ele não é meio-termo entre esquerda e direita, mas é muito diferente dos setores público e privado.

Durante muitos anos, vimos uma boa quantidade de nacionalizações e privatizações, com instituições que foram e voltaram entre os setores público e privado. Onde estava o setor plural em tudo isso? Ele, que poderia ser o melhor lugar para quem não combina com os outros dois? Da mesma forma, fala-se muito hoje em dia sobre as parcerias público-privadas. E as instituições do setor plural? Grandes debates são travados sobre a prestação de serviços de saúde pelo setor privado, por uma questão de escolha, ou então pelos governos, por uma questão de igualdade. E que tal o setor plural, por uma questão de qualidade?[13] Pense nos hospitais que você mais admira. Eles são públicos? Ou privados?

Por que chamar de "plural"?

Rótulos importam. Outra razão para a obscuridade desse setor é o conjunto de rótulos infelizes pelo qual tem sido identificado. Inclui (1) o "terceiro setor", como se fosse de terceira categoria, uma reflexão tardia; (2) a casa das organizações "sem fins lucrativos", embora os governos sejam sem fins lucrativos também, bem como de ONGs, mesmo que as empresas também sejam não governamentais; (3) o "setor voluntário", como se esse fosse um local de trabalho informal; e (4) a "sociedade civil", o rótulo mais antigo e mais confuso, mal conseguindo se descrever (em contraste com a sociedade *incivil*?).[14] Recentemente, participei de uma reunião com acadêmicos dedicados a esse setor e ouvi a maioria desses rótulos mencionada no curso de uma hora. Se os especialistas não conseguem usar o vocabulário certo, como é que o resto de nós levará esse setor a sério?

Proponho a palavra *plural* por causa da variedade de associações do setor, bem como a pluralidade de sua associação e propriedade.[15] Não é coincidência que a palavra comece com um p: quando a apresentei em grupos de discussão, *plural* entrou nas conversas naturalmente ao lado de *público* e *privado*.[16]

Propriedade comum no setor plural

O setor plural distingue-se não só por suas formas originais de propriedade, mas também por uma forma de especial de propriedade.

Durante séculos, a propriedade foi vista como absoluta, baseada em alguma lei natural, obra de Deus talvez — embora resultado de trabalho duro, compra, manipulação ou herança. Hoje, a corporação é vista como propriedade de acionistas, mesmo daqueles considerados *day traders*, enquanto dessa mesma propriedade são excluídos empregados que dedicaram à empresa uma vida inteira de trabalho. Marjorie Kelly (2001) comparou isso à propriedade de terra pelos senhores feudais.[17]

O fato é que o "direito de propriedade" é uma criação humana, seja pela lei da selva ou pela lei do estado, sendo esta última geralmente escrita por pessoas com muitas propriedades.[18] O comunismo nos ensinou que uma sociedade com quase nenhuma propriedade privada não é eficaz. O capitalismo está nos ensinando que uma sociedade com quase tudo de propriedade privada não é muito melhor.

Agora ouvimos muito sobre "propriedade intelectual": se você tem uma ideia, crie uma patente, a fim de "monetizá-la", mesmo que sua reivindicação seja duvidosa. Algumas empresas farmacêuticas, por exemplo, foram capazes de patentear medicamentos fitoterápicos que serviram culturas tradicionais por séculos.

Benjamin Franklin teve outra ideia: ele se recusou a patentear o que se tornou seu famoso fogão, comentando: "Devemos ficar contentes com a oportunidade de servir a outros com uma inovação nossa". Jonas Salk concordou: "Quem tem a propriedade da minha vacina contra poliomielite? As pessoas. Você pode patentear o sol?"[19] Pense em todas as crianças que se beneficiaram ao não ter que arcar com o ônus desse mercado.

Franklin e Salk exerceram um papel que chamamos de "empreendedor social". Será que foram tolos ao renunciar a todo esse dinheiro? Talvez os tolos sejam aqueles que têm de acumular dinheiro sem descanso a fim de se manter no pódio. "A determinação de fazer algo porque é a coisa certa a fazer, e não porque o governo mandou fazer ou o mercado nos seduziu, é o que torna a vida associativa uma força do bem [e] dá o combustível para a mudança" (Edwards 2004: 111).

Se esse fogão e a vacina não foram registrados como propriedade privada e se não foram propriedade pública detida pelo Estado, o que eles foram? A resposta é *propriedade comum*. Costumava ser bastante comum antes de desaparecer da visão pública.[20] O Boston Common, por exemplo, hoje um parque famoso, foi uma vez o lugar onde os sem-terra podiam pastorear suas vacas. A placa na entrada não menciona essa origem.

A propriedade comum está associada ao setor plural, por ser comum e compartilhada, mas sem propriedade: é mantida por pessoas "em conjunto e próximas em vez de separadamente e distantes" (Rowe 2008: 2; Ver também Ostrom 1990 e Ostrom et al. 1999). Pense no ar que respiramos – tente se apropriar disso – ou a água que alguns agricultores compartilham para irrigação. Agora estamos vendo um ressurgimento de propriedade comum de formas interessantes, como nos sistemas de código aberto Linux e Wikipédia, associações sem propriedade, cujos usuários criam e compartilham conteúdo.

> Hoje o modelo de [propriedade comum] está reaparecendo em muitos setores da economia — do ressurgimento de ruas tradicionais, espaços públicos e hortas comunitárias à

resistência ao enclausuramento corporativo da pesquisa universitária e do substrato genético da vida material. (Rowe 2008: 139)

Então, os comuns estão voltando. Coisa boa, pois pode permitir que o conhecimento comum substitua o absurdo de patente associado a muito da "propriedade intelectual". Acredite na propriedade comum – substitua a lente do mercado da economia pela lente da comunidade da antropologia – e você a verá em muitos lugares.[21]

Comunitariedade ao lado de propriedade, liderança e cidadania

Precisamos de uma nova palavra para tomar seu lugar ao lado da *cidadania* coletiva do setor público e da *propriedade* individual no setor privado, bem como ao lado da *liderança* pessoal que é enfatizada nesses setores. *Comunitariedade* é o termo que designa pessoas que se unem para funcionar em relações colaborativas. Entre cada um de nós como indivíduos e todos nós na sociedade encontra-se a natureza comunal de nossos grupos: somos seres sociais que precisam se identificar, pertencer. Pense em nossos clubes e tantas outras afiliações informais no setor plural.

Do ponto de vista formal, as organizações, em todos os setores, funcionam melhor como comunidades de seres humanos, e não como coleções de recursos humanos. Mas as associações do setor plural têm uma vantagem especial. Livres da pressão de maximizar o "valor" para acionistas que não conhecem ou de se submeter ao controle de departamentos governamentais, elas podem funcionar como membros com um propósito mais do que apenas desempenhar um função. E com a natureza igualitária de muitas organizações do setor plural, bem como associações, essas pessoas tendem a ser naturalmente engajadas — não têm de ser formalmente "empoderadas". Pense nos bombeiros e enfermeiros voluntários, bem como nos manifestantes em movimentos de massa. "No melhor cenário, a sociedade civil é a história de pessoas comuns levando vidas extraordinárias por meio de suas relações" (Edwards 2004: 112). Imagine uma sociedade composta de organizações, em todos os setores.

Perdendo o jeito

É claro que existem aquelas organizações do setor plural que não conseguem aproveitar esse potencial.

Forçadas pelo conselho de administração ou pelo "CEO" a adotar práticas de negócio inadequadas ou orientadas por seus fundadores a aplicar controles excessivamente centralizados, perdem o jeito.[22]

Hoje, as práticas em moda nas grandes empresas são consideradas a "única maneira" de gerenciar tudo: crescer implacavelmente, medir obsessivamente, planejar estrategicamente e chamar o chefe "CEO" para que ele lidere heroicamente, com uma remuneração obscena. Que se dane a comunitariedade. Muitas dessas práticas se tornaram disfuncionais para a empresa, sem mencionar as organizações dos setores plural e público que os imitam.[23]

O problema com a liderança é que é individual. Use a palavra e você estará salientando uma pessoa do resto, independentemente do quanto ela procure envolver os demais. Claro, um indivíduo pode fazer a diferença. Mas quantas vezes nos dias de hoje essa diferença é para pior? Quanto mais nos obcecamos com liderança, menos parecemos entendê-la, além de desenvolver mais narcisismo.[24] Então, vamos dar espaço à comunitariedade colaborativa entre a liderança individual e a cidadania coletiva.

A queda (e ascensão?) do setor plural

Dois séculos atrás Alexis de Tocqueville caracterizou os Estados Unidos como repleto de associações comunitárias.[25] Com a intenção de limitar o poder do governo, o povo americano preferiu se organizar em associações do setor plural ou em empresas do setor privado.

Mais recentemente, no entanto, Robert Putnam (1995, 2000) escreveu sobre o desaparecimento do primeiro usando a metáfora do "boliche solitário" – o isolamento do indivíduo. Por que tem havido uma constante "erosão das instituições comunitárias de que dependemos", como escolas, bibliotecas e parques? (Collins 2012: 8). Uma explicação é com certeza o domínio crescente do setor privado. Mas não menos importantes são as forças de natureza política e tecnológica.

Cercado por esquerda e direita

É evidente que o comunismo em alguns países debilitou os setores privados, enquanto o capitalismo em alguns outros tem destruído o setor público. Menos evidente é que os dois sistemas implacavelmente minaram o setor plural. Para alcançar o equilíbrio na sociedade, precisamos entender por quê.

Governos comunistas nunca foram grandes fãs de associações comunitárias (como mostra a China), por uma boa razão: a independência dessas associações é uma ameaça a sua onipotência.[26] "Um déspota facilmente perdoa seus súditos por não amá-lo, desde que não se amem" (Tocqueville 1840/2003: 102).

Mas os déspotas não estão sozinhos nessa marginalização do setor plural: muitos governos eleitos também foram duros com associações comunitárias, às vezes, por mera conveniência de suas administrações — por exemplo, ao forçar fusões de hospitais comunitários em hospitais regionais e de cidades pequenas em cidades maiores. A comunidade quase não aparece em um modelo que favorece a escala econômica, independentemente das consequências sociais.

Pela mesma razão, muitas corporações não são grandes fãs de associações comunitárias locais. Lembre-se como o Walmart bloqueou a atuação dos sindicatos nas suas lojas, da mesma forma que as cadeias de *fast-food* globais não promovem pratos da culinária local ou os varejistas do vestuário global não atentam para o vestuário local. Há uma imposição de homogeneização na globalização que é antitética à distinção das comunidades. Como consequência, os setores privados crescem globalmente e os setores plurais murcham localmente.²⁷

Enfraquecimento pelas novas tecnologias

Talvez ainda mais prejudicial ao setor plural seja que a sucessão de novas tecnologias — do automóvel e o telefone ao computador e à internet — reforça o isolamento do indivíduo em detrimento do engajamento social.

Veja o caso do automóvel: embrulhe suas folhas de metal ao redor de muitos de nós e surge uma onda de raiva da estrada. Você já ficou furioso ao andar na calçada porque alguém anda colado em você (a menos que, claro, essa pessoa esteja enviando mensagens de texto pelo celular)? Graças à tecnologia automobilística, muitas comunidades locais tornaram-se aglomerados urbanos, onde as pessoas mal se conhecem. O "mercado" costumava designar o lugar onde as pessoas se reuniam para conversar e também para comprar — era o centro e a alma da comunidade. Hoje, a palavra *mercado* designa principalmente o oposto: lugares frios, impessoais, seja o mercado de ações ou o *shopping center*. Dispositivos eletrônicos, as novas tecnologias da nossa época, não são muito melhores: eles colocam nossos dedos em contato com um teclado ou uma tela, e o resto de nós se senta ali, muitas vezes por horas, digitando e fazendo compras sozinho. Sem tempo sequer para o boliche.

As redes sociais — Facebook, LinkedIn, Twitter — certamente nos conectam com quem está do outro lado. Mas não confunda redes com comunidades. (Se você se confundir, tente pedir ajuda aos seus "amigos" do Facebook para pintar sua casa ou ajudar na mudança.)[28] Essas tecnologias estão estendendo nossas redes sociais de forma surpreendente, mas muitas vezes à custa de nossas relações pessoais. Muitas pessoas estão tão ocupadas escrevendo mensagens de texto e tuitando que mal têm tempo para reunião e leitura. Onde está a tecnologia para o sentido?[29]

Em sua coluna no *New York Times*, Thomas Friedman (2012) relatou perguntar a um amigo egípcio sobre os protestos no país: "O Facebook realmente ajudou as pessoas a se comunicar, mas não a colaborar", ele respondeu. Friedman acrescentou que "no pior cenário, as [redes sociais] podem se tornar substitutos viciantes para a ação real". É por isso que, embora os movimentos sociais maiores, por facilitar a comunicação, possam aumentar a consciência sobre a necessidade de renovação, são geralmente as iniciativas sociais menores, desenvolvidas em grupos de comunidade colaborativa, que descobrem uma maneira de fazer a renovação real.

Será que o setor plural está voltando? Um artigo do *New York Times* indicou que "as organizações sem fins lucrativos dos EUA estão crescendo a um ritmo alucinante" (Bernasek 2014), talvez em parte porque os governos não foram capazes de acomodar inteiramente as nossas necessidades sociais. Da mesma forma, como observado, as novas redes sociais estão proliferando. Ao facilitar as conexões entre as pessoas, ajudam aqueles com uma causa comum a se encontrar, na mesma cidade e no mundo inteiro. Conectando-se assim, grupos comunitários podem levar suas iniciativas a movimentos maiores.

Será que esses desenvolvimentos compensarão os efeitos debilitantes que as novas tecnologias tiveram nas formas tradicionais de associação? Ainda é cedo para afirmar, mas espero que sim. Mais uma vez, por favor, deem boas-vindas ao setor plural. Mas tenham cuidado.

Burro, estúpido e fechado

Os benefícios do setor plural devem agora ser evidentes — espero que tão evidentes como aqueles dos setores público e privado. Mas esse setor não é o santo graal, não mais que os outros dois. Tivemos mais do que o suficiente de comunismo e capitalismo, obrigado. O setor plural não é uma "terceira via" entre os outros dois setores, mas, repetindo o que precisa ser repetido, uma das três vias necessárias em uma sociedade equilibrada.

Todos os setores têm falhas. Os governos podem ser burros. Os mercados podem ser estúpidos. E as comunidades podem ser fechadas – até mesmo, xenófobas. No que diz respeito à "burrice", ouvi uma história sobre uma pessoa de 60 anos ter que comprovar a idade para comprar uma garrafa de licor no Aeroporto de Chicago. Afinal, quando se trata das leis do estado, todos não devem ser tratados de forma igual? Na segurança dos aeroportos, toda vez que um terrorista tem uma nova ideia, os governos impõem uma nova humilhação. Quanto à "estupidez", em 2012, a Air Canada anunciou a venda de uma passagem: Montreal a Londres, ida e volta, por US$ 274,00. Uma pechincha – tirando os "impostos, taxas, encargos e sobretaxas", que aumentava o total para $ 916,00. (Um relatório da CNN.com [Macguire 2012] reconheceu esse fato como "a prática comum do setor". Essa é a questão.) E "fechado" é a sensação que se tem ao ouvir o sermão de um padre, pastor, imã ou rabino exortando as pessoas a permanecerem fiéis à fé sem explicar as razões para isso.

Esses exemplos podem ser mundanos. Coisas muito piores acontecem quando um setor domina a sociedade. Sob o comunismo do Leste Europeu, a burrice do setor público passou da conta. E com esse capitalismo predatório em que nos encontramos, vivemos em sociedades que estão cada vez mais estúpidas. "*Caveat emptor*" (cliente, fique atento) mesmo que seja uma criança assistindo a propagandas na televisão. "Cobre o que dita o mercado", mesmo se doentes têm que morrer por falta de medicamentos disponíveis. Que tipo de sociedade tolera isso?

No setor plural, o populismo parece a manifestação política mais evidente, já que suas raízes geralmente se encontram em movimentos de massa fora das instituições estabelecidas do governo e das empresas. Um governo populista pode aplicar seu poder de forma inclusiva, para servir a população, ou então, de forma exclusiva, em benefício de seus próprios adeptos (como discutiremos mais tarde). Quando este se torna opressivo, o populismo pode se transformar em fascismo, como aconteceu na Alemanha nazista.

==As formas burras, estúpidas e fechadas se equilibram quando cada setor tem seu lugar na sociedade, cooperando com as outras duas e ao mesmo tempo ajudando a manter as duas – e suas instituições – sob controle.== Fico feliz em obter muitos dos meus bens e serviços do setor privado e boa parte da minha proteção e infraestrutura (aplicação da lei, rodovias e assim por diante) do setor público. Geralmente me volto ao setor plural para o melhor dos serviços profissionais de que necessito – ensino superior, cuidados hospitalares – mesmo quando são financiados pelo setor público e fornecidos pelo setor privado.

Só temos que ter cuidado para não misturar esses setores, permitindo que a ideologia do momento retire as atividades do setor onde funcionam mais adequadamente. Não quero que uma empresa privada patrulhando a minha rua ou departamento do governo plantando meus tomates. E, por favor, mantenha os políticos e os empresários longe da educação de nossos filhos, não permitindo também que pessoas do setor plural a utilize em benefício próprio.

Uma sociedade equilibrada é possível?

Estamos programados para favorecer o privilégio, permitindo que o poder se concentre em poucas mãos — o inevitável 1%? A história é testemunha de um constante desfile disso: senhores e camponeses, comissários e proletários, empresários e trabalhadores. E assim permaneceu, sem interrupção por milênios, até nossos dias. "Empresas reivindicam uma riqueza que pouco fazem para gerar, tanto quanto nobres reivindicavam privilégios que não mereciam" (Kelly 2001: 29).

O equilíbrio perfeito é inatingível: algumas pessoas acabarão sempre por cima. Por que não, se elas mereceram, protegendo as pessoas contra ameaças, inventando uma nova prática ou criando empregos substanciais? Mas e se elas chegaram ao poder por meio de manipulação ou mantiveram o poder por muito tempo ou, ainda, herdaram-no simplesmente por nascimento? Muitas pessoas em posições de poder se envolveram em guerras imprudentes, construíram monumentos extravagantes para elas mesmas à custa dos outros ou intimidaram seus empregados.

No governo, costumava não haver uma maneira de expulsar os vilões, a não ser por assassinato, golpe de estado ou guerra civil. Então, veio a democracia, por volta de 1776. Com os soberanos e os aristocratas fora do caminho, surgiu uma nova maneira de mandar embora os vilões ou, pelo menos, de contê-los. Todos os homens criados iguais tinham voz para dizer quem os lideraria. A democracia não acabou com os privilégios, contudo — eles começam com nossa alimentação no útero materno e nunca param. Mas pelo menos todos esses homens, e as mulheres, mais tarde, tiveram chance de chegar ao topo. Isso se tornou o grande sonho americano, conhecido como "mobilidade social".

Claro, as coisas nunca foram totalmente assim nos EUA. Mas chegaram perto o suficiente para sustentar o mito. E essa democracia por volta de 1776 ajudou a produzir o período mais notável de crescimento na história da humanidade, política, social e econômica – 200 anos, de 1789 a 1989.

Avance até os dias de hoje e temos outro olhar sobre aquela mobilidade social. Um relatório de 2010 da Organização para a Cooperação e Desenvolvimento Econômico colocou o países nórdicos, mais a Austrália, Canadá, Alemanha e Espanha à frente dos Estados Unidos. Por exemplo, a vantagem de um filho ter um pai que ganha mais foi 47% nos Estados Unidos e 19%

no Canadá. "A renda dos pais [americanos] correlaciona-se mais com a chance do filho terminar a faculdade do que a pontuação no SAT (exame parecido com o ENEM). A classe social pesa mais do que como você se sai em aula" (Freeland 2012; ver também a discussão no fim do apêndice de "Democracia nos EUA – 25 anos mais tarde").

As expectativas criadas pelo sonho americano agora são cada vez mais frustradas, embora o mito da mobilidade social continue. Há histórias de sucesso, só que a probabilidade mudou, e os menos favorecidos são as principais vítimas da crescente exploração.

Grande parte do mundo livrou-se de imperadores insanos, conquistadores sanguinários e colonizadores vorazes (embora sombras desses três estejam aparecendo novamente). Mas não de adquirentes gananciosos, pelo contrário. Todos os países têm vilões, mas agora muitos deles estão fora do governo, embora estejam manipulando dentro dele. Afora pegá-los com a mão na cumbuca, e às vezes apesar disso, não há uma forma de se livrar deles.

Claro, os mercados competitivos deveriam cuidar desse comportamento: deixe de servir seus clientes corretamente e você será substituído por quem fizer direito. Soa bem, não fosse por esses mercados de direitos que favorecem os já privilegiados. Eleitos oficiais e que deveriam estar colocando os malandros na cadeia, acabam cuidando deles para manter as doações políticas.

Quase 200 anos atrás, Tocqueville perguntou: "pode-se acreditar que a democracia que derrubou o sistema feudal e reis recuará ante homens de negócios e capitalistas?" (1840/2003: 6). Agora ele tem a resposta: sim.

Será essa a única resposta? Esperemos que não. Na verdade, a Constituição dos Estados Unidos nos faz pensar a respeito. O famoso sistema de freios e contrapesos, como observado, foi aplicado até agora somente dentro do governo. Então, talvez seja hora de aplicá-lo fora do governo. Por que não completar a Revolução Americana, em nações e no mundo, estabelecendo freios renovados sobre atividades disfuncionais no setor privado, por uma questão de equilíbrio entre os setores?

Naturalmente, esse equilíbrio não é perfeitamente estável. Isso constituiria apenas um novo dogma, incapaz de se renovar à medida que a sociedade evolui. O desenvolvimento saudável — social, político e econômico — permite que o poder alterne entre os setores, de acordo com a necessidade, em um equilíbrio dinâmico que incentiva a capacidade de resposta sem dominação. E isso nos leva à questão da renovação radical.

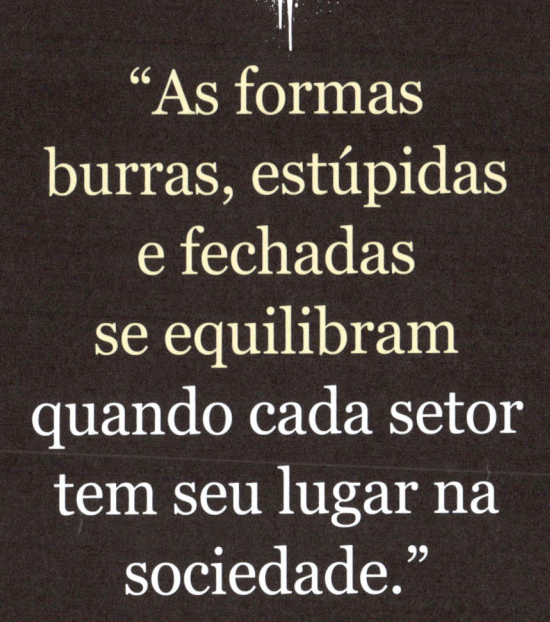

"As formas burras, estúpidas e fechadas se equilibram quando cada setor tem seu lugar na sociedade."

4.

RENOVA-ÇÃO RADI-CAL

QUANDO O PESO da roupa molhada em uma máquina de lavar está desequilibrado, ela oscila de forma barulhenta em alta velocidade. Estamos vivendo em um mundo de alta velocidade e desequilibrado, que está oscilando fora de controle. Esta situação tem que mudar, em última análise, por uma questão de equilíbrio, mas imediatamente por uma questão de sobrevivência.

Ideais nobres e questões simples

Hoje, temos notícia de muitas conferências, livros, relatórios e artigos sobre como lidar com nossos problemas. Dê uma olhada em algum deles e você encontrará todos os tipos de propostas ambiciosas e ideias interessantes, incorporadas em ideais nobres. Algumas são bem sensíveis; poucas são imediatamente operacionais. Então, dê uma olhada em artigos de jornais, veja na mídia, fale com pessoas na linha de frente. Aqui você vai encontrar histórias sobre todos os tipos de questões simples, todas totalmente operacionais.

Ideais pretensiosos no ar e questões humildes no chão: esse é o mundo em que vivemos e está piorando. Isso me lembra alguns versos de uma das canções satíricas de Tom Lehrer sobre a guerra contra Franco: "Though he may have won all the battles, we had all the good songs!" (ele pode ter ganhado todas as batalhas, mas nós tínhamos todas as boas músicas!).

Precisamos de boas músicas. Elas nos tornam mais conscientes dos nossos problemas, que é onde a renovação tem de começar. Como disse John Adams em 1818, o que ele chamou de Revolução Americana real "aconteceu antes da guerra... nas mentes e nos corações das pessoas". Mas na época as batalhas tinham que ser vencidas. A questão a ser enfrentada por pessoas preocupadas hoje é: como podemos fazer ideais nobres cooperarem com questões simples, em busca de uma renovação sem revolução?

Muitas pessoas acreditam que a resposta deve estar em governos democraticamente eleitos ou, então, em empresas socialmente responsáveis. Mas não é só isso: algo fundamental deve mudar antes que essas instituições possam desempenhar papeis importantes na renovação radical.

Sem governos, não agora

Como discutido anteriormente, muitos governos hoje estão comprometidos ou oprimidos pelas forças responsáveis por alguns dos nossos piores problemas. Dentre essas forças estão nossas próprias demandas pessoais. Onde a destruição do planeta entra em cena quando o consumismo precisa de mais um impulso e nós eleitores queremos mais de tudo (exceto impostos)?

Além disso, precisamos de considerável experimentação para aprender o caminho de soluções sem precedentes, considerando que os governos, por sua própria natureza, "não são ágeis frente à complexidade" (Brooks 2013b). Eles têm que planejar suas ações com cuidado a fim de justificá-las em suas legislaturas.[30]

Exacerbar isso é a natureza limitada do que chamamos de democracia — uma palavra que usamos muito casualmente. Uma democracia eficaz equilibra necessidades individuais, comuns e coletivas; no entanto, muitas de nossas democracias mais influentes favorecem as necessidades individuais, incluindo aquelas das corporações como "pessoas" jurídicas. Dessa forma, incentiva a concorrência míope, considerando que exigimos colaboração abrangente, global e nacionalmente. O aquecimento global, por exemplo, não será revertido sem uma ação coletiva, por meio de indivíduos, instituições e nações.[31] Pense sobre estas palavras proféticas sobre democracia, atribuídas a Alexander Fraser Tytler há mais de 200 anos (por volta de 1810):

> Uma democracia não consegue existir como forma permanente de governo; ela só se

mantém até que os eleitores percebam que podem se beneficiar da generosidade do dinheiro público. A partir desse momento, a maioria sempre vota em candidatos que prometem o máximo de benefícios do tesouro, o que resulta no desmoronamento da democracia por uma política fiscal frouxa, logo seguida por uma ditadura.

Não espere milagres da RSC

Quanto a formas honestas de responsabilidade social corporativa, hoje conhecido como RSC, bato palmas. Mas não dá para crer que os problemas sociais criados por algumas corporações sejam resolvidos por outras corporações. Acredite, o varejo verde não vai compensar a poluição gananciosa mais do que a responsabilidade social compensará toda a irresponsabilidade social corporativa que vemos à nossa volta.[32] Os negócios e os *lobbies* estão ocorrendo nos bastidores, não nos escritórios que fazem os pronunciamentos de RSC.

Da mesma forma, vamos aplaudir as empresas que "se dão bem por fazer o bem", como instalar turbinas eólicas ou promover uma alimentação saudável. Mas não vamos fingir que essas medidas vão limpar a paisagem corporativa e transformar o cenário em país das maravilhas em que todos ganham. Não podemos permitir que essas esperanças desviem nossa atenção das fortunas sendo geradas por pura exploração. Muitas empresas estão se dando bem fazendo o mal, enquanto outras estão seguindo ao pé da letra a palavra da lei. Quando morava nos Estados Unidos, o romancista russo Aleksandr Solzhenitsyn (1978) escreveu sobre a palavra da lei:

> Passei toda minha vida em um regime comunista, e digo que uma sociedade sem uma balança jurídica e legal é terrível. Mas uma sociedade com nenhuma outra escala que não seja a legal também não é digna do homem. Uma sociedade que se baseia na palavra da lei e não vai além está tirando pouco proveito do alto nível das possibilidades humanas. A palavra da lei é fria e formal demais para ter uma influência benéfica na sociedade. (p. B1)

Também é muito restrita, deixando a porta aberta para todos os tipos de corrupção legal. Tudo o que não é proibido — pois os reguladores do governo ainda têm que recuperar o atraso, talvez porque os lobistas tenham garantido que isso não ocorra — é permitido. As empresas podem existir para servir os mercados econômicos, em vez de buscar metas sociais[33], mas elas têm de ser moralmente responsáveis pelas consequências sociais de suas ações. E isso pode começar com o *lobby*. Para qualquer executivo que está verdadeiramente preocupado com a responsabilidade social, eu digo: comece tirando sua empresa de dentro do governo. Alegar que o governo não deve interferir nos assuntos empresariais enquanto as empresas se metem nos assuntos do governo é uma hipocrisia que distorce e degrada nossas sociedades. Em qualquer país que deseja ser chamado de democrático, nenhum cidadão, muito menos uma pessoa "jurídica", tem o direito moral de usar a riqueza privada para influenciar políticas públicas.

Uma visão dos movimentos e das iniciativas do setor plural

Se não são os governos, no setor público ou as empresas, no setor privado, então qual é a saída? Acredito que uma renovação radical terá de começar no setor plural, na base, com seus movimentos sociais e iniciativas sociais. É nas comunidades que as pessoas têm a inclinação e a independência para enfrentar problemas difíceis. "E agora?", perguntou o ex-secretário geral da ONU, Kofi Annan, em 2013, sobre os repetidos fracassos das discussões em torno do aquecimento global. Ele próprio respondeu: "Se os governos não estão dispostos a liderar quando a liderança é necessária, as pessoas devem fazê-lo. Precisamos de um movimento global que aborde a mudança climática e suas consequências".

Três aspectos da renovação radical são discutidos aqui: *reversão imediata*, para impedir práticas destrutivas por meio de movimentos sociais e outras formas de desafio; *regeneração generalizada*, com grupos de pessoas interessadas participando de iniciativas sociais para estabelecer práticas mais construtivas; e *reformas consequentes*, quando governos responsivos e empresas responsáveis reconhecem a necessidade de mudanças fundamentais na estrutura.

Reversão <u>imediata</u>

Não haverá correção rápida em nosso caminho para um equilíbrio sustentável. Enquanto isso, devemos reverter os comportamentos mais destrutivos do desequilíbrio atual antes que afundemos, se não pela elevação das águas, pelo turbilhão social. Por exemplo, quanto tempo temos para lidar com o aquecimento global: Cinquenta anos? Dez anos? Zero ano? É uma pergunta disfuncional, por duas razões. Primeiro, justifica a inércia: se ninguém pode ter certeza, por que eu deveria renunciar a meus direitos agora? Segundo, fazendo a pergunta, pressupomos que há uma resposta e que podemos saber a resposta antecipadamente.

Na verdade, essa pergunta tem muitas respostas, algumas das quais sabemos muito bem. Para aquelas pessoas mortas por tempestades sem precedentes ou cujas vidas foram arruinadas por enxugamentos insensíveis, a resposta é zero, já é tarde demais.[34] Para outras pessoas, a resposta virá no próximo ano ou alguns anos depois. Mas não espere um *big bang* no meio do século, só muitos *bangs* ao longo do caminho – momentos da verdade que são muito grandes para as pessoas afetadas.

Muitas pessoas terão de juntar forças com as ONGs que têm lutado por anos para vigiar as forças destruidoras e exploradoras. Essas ONGs fazem coisas maravilhosas, mas os problemas estão aumentando. Seus esforços terão de ser reforçados por grandes movimentos globais, formados por muitos movimentos locais.

Esses esforços terão de ser concentrados e engenhosos, indo além de apenas conscientizar sobre os problemas. Do que adianta ocupar o palco das ruas, se as questões continuam nos bastidores? Mahatma Gandhi não liderou uma marcha contra a ocupação britânica na Índia; ele mobilizou as pessoas a marchar contra o imposto britânico sobre o sal.

É impressionante como a inteligência pode derrotar a solidez. David derrubou Golias com um estilingue; Ralph Nader tirou o General Motors Corvair do mercado com um livro (*Unsafe at any Speed*, 1965). No fim da década de 1960, em San Antonio, Texas, as pessoas que estavam fartas de uma prestadora de serviços pagaram suas contas com 1¢ a mais. Esse simples centavo, multiplicado muitas vezes, atou a burocracia (Gutierrez 1998). Do pátio da escola ao mercado global, uma tática inesperada pode derrubar um grande tirano com uma facilidade surpreendente. Portanto, ao lado de uma resistência meramente passiva encontra-se uma resistência inteligente, especialmente quando envolve pessoas que, se não for assim, não se envolveriam.

Saul Alinsky era um gênio em inventar essas táticas. Em seu livro *Reveille for Radicals* (1969; ver também Alinsky 1971), ele afirmou que os liberais falam enquanto os radicais agem – "com paixão" – ele escreveu, "a oposição é sempre mais forte que você e, então, sua própria força deve ser usada contra ela. [O] *status quo* é seu melhor aliado, se corretamente instigado e guiado"(p. x).

Onde estão os herdeiros de Alinsky e Nader hoje? Precisamos mais do que movimentos de ocupação. Precisamos de movimentos de estilingue, para desafiar em três frentes: as práticas que são claramente destrutivas, os direitos que estão por trás dessas práticas e o dogma usado para justificar essas práticas. Considere algumas possibilidades:

- Como discutido anteriormente, a negociação atual em torno de um acordo comercial entre a

União Europeia e os Estados Unidos pode conduzir ao desequilíbrio global ou ao fim dessas vergonhosas cortes de arbitragem e os excessos de um *lobby* desequilibrado. Os europeus conscientes encontrarão uma maneira de transmitir aos seus negociadores que a democracia pública é mais importante que o lucro privado?

- A corrupção criminosa certamente tem de ser punida de forma mais vigora, mas a corrupção legal – o *lobby* e o litígio, as manobras e a manipulação – é muito mais insidiosa. O Goldman Sachs está sob "forte controle [por reguladores federais] em função de seus negócios nos mercados de *commodities*" (Kocieniewski 2013b). No mercado de alumínio reciclado, discutido anteriormente, a empresa afirma não ter infringido a lei. Esse é o problema. Em vez de esperar por governos que nada fazem, as pessoas deveriam enviar à empresa uma daquelas mensagens de 1¢. Um sinal poderoso como esse pode acordar muitas empresas. A mesma coisa com a remuneração dos executivos, que anuncia que o CEO é centenas de vezes mais importante do que os trabalhadores da empresa: alguns trabalhadores podem querer transmitir ao CEO o que eles pensam sobre esse tipo de "liderança".

- Certamente, é hora de desafiar os ataques implacáveis ao governo: menosprezando-o, reduzindo-o e apropriando-se do que resta dele.[35] Anos de corte de impostos para beneficiar os ricos levaram os governos a uma confiança demasiada em impostos regressivos, reduções insensíveis de serviços, terceirização irracional e jogo prejudicial.[36] Que tal esta ideia infame: em vez de criticar constantemente o setor público para que os serviços sejam transferidos ao setor privado, vamos analisar em detalhes os serviços do setor privado para que sejam transferidos ao setor plural.[37]

- Nossos conceitos têm de ser equilibrados também. Em particular, a economia precisa ser colocada em seu lugar, que é ao lado de outras ciências sociais. Todas têm um ou mais conceitos importantes para contribuir com nossos grandes debates – por exemplo, cultura e comunidade na antropologia, como mercados na economia. Ainda assim, a economia é destacada com um prêmio conhecido como "Nobel" que não é Nobel coisa nenhuma (ver nota 2 do Capítulo 1). Desafiar o mau uso desse rótulo pode lembrar as pessoas de que a economia voltar para onde pertence.

No topo da lista das coisas que devem ser imediatamente revertidas estão muitas de nossas práticas pessoais. Mas vou guardar essa discussão para o Capítulo 5.

Regeneração generalizada

==Um país verdadeiramente desenvolvido desenvolve mais que apenas sua economia. Grupos de cidadãos desenvolvem iniciativas sociais que melhoram vidas, aumentam a liberdade e protegem o meio ambiente.==

Analise o que está acontecendo no mundo hoje, e você ficará espantado com o número e a variedade dessas iniciativas já em curso. O livro (2007) de Paul Hawken *Blessed Unrest* descreve um "movimento" de mais de 1 milhão de associações. Esse movimento não "se encaixa no modelo padrão. É disperso, rudimentar e intensamente independente. Não tem um manifesto ou doutrina, nenhuma autoridade para dar autorização... [É] um grande empreendimento de cidadãos comuns em todos os lugares" (p. 3, 5). O apêndice do livro conta com 112 páginas de centenas de iniciativas, com títulos como "Biodiversidade", "Cultura", "Educação", "Direitos de propriedade" e "Religião". Ainda assim, em comparação com o que precisamos, 1 milhão é só o começo.

Uma iniciativa social pode começar com apenas uma ideia, com um pouco de criatividade, e a coragem de romper com uma situação inaceitável. Então, vem um período de aprendizagem focada durante o qual todos os tipos de ideias são testados. Como Gui Azevedo e eu escrevemos em um artigo (2012: 10): "Iniciativas sociais parecem ser essencialmente inatas: trabalham de 'dentro para cima', e fora, por pessoas coletivamente engajadas. Elas não estão resolvendo os problemas do mundo, mas seus próprios problemas, para então descobrir, mais tarde, que seus problemas *são* os problemas do mundo".[38]

O setor privado é, naturalmente, famoso por suas iniciativas econômicas, incluindo muitas com consequências sociais construtivas, como o desenvolvimento de novas formas de energia sustentável. Construtivas também podem ser as parcerias entre todos os setores – plural-privado e público-plural, assim como plural-público-privado (PPPPs)[39]– desde que nenhum "parceiro" domine essas relações.[40]

O que Hawken chamava de dispersão de iniciativas sociais pode ser necessário, para que milhares de flores possam florescer. Mas a renovação radical requer que elas também se organizem para um "impacto coletivo" (Kania e Kramer 2011) – agir em conjunto para se tornar uma força consolidada em países e em todo o mundo. Afinal, as empresas também estão dispersas, mas elas ganharam uma enorme influência unindo forças, localmente nas câmaras de comércio e, mundialmente, nas associações internacionais.

Em minha opinião, a iniciativa social primordial deve abordar esta questão: como consolidar as muitas iniciativas sociais em um movimento de massa que reequilibre o mundo. Não menos surpreendente que o número de iniciativas sociais é o fato de que elas pouco estão retardando a marcha do mundo rumo ao desequilíbrio. Ainda há um abismo entre todas as micro coisas boas sendo feitas por muitas pessoas e toda a macrodestruição ocorrendo em benefício de poucos.

Devo acrescentar que não tenho a ilusão de que todos os movimentos sociais e iniciativas sociais sejam construtivos. Os melhores nos libertam; os piores nos aprisionam. Mas os primeiros pelo menos oferecem uma maneira de seguir em frente, muito além do que temos recebido de muitas das nossas instituições estabelecidas. Movimentos sociais e iniciativas sociais responsáveis, muitas vezes em comunidades locais, mas também em rede global para gerar um impacto coletivo, são a nossa maior esperança para recuperar o equilíbrio neste mundo conturbado.[41]

Reformas consequentes

Da mesma forma, não tenho ilusões sobre a possibilidade de alcançar uma renovação radical sem o extenso envolvimento dos governos e das empresas. Mas esse envolvimento exigirá um mundo reconfigurado e reequilibrado. Os governos terão de receber mensagens mais claras de seus cidadãos, e as empresas terão de largar a doutrina inaceitável de que elas existem apenas para os empresários. Então, as reformas necessárias podem vir em seguida – mudanças ordenadas, a que temos todo o direito de esperar de nossas instituições estabelecidas. Por exemplo:

- Se for para a democracia funcionar de forma eficaz, a ficção jurídica das empresas como pessoas terá de ser substituída por leis que veem as empresas e as pessoas responsáveis por suas ações. Pode começar com a criminalização de muitas coisas que agora são tidas como corrupção legal. Por que, por exemplo, executivos e engenheiros do setor automobilístico, que não fizeram nada para corrigir falhas que sabiam que estavam matando pessoas, não são acusados de homicídio culposo? Esse comportamento é menos criminoso do que invadir uma casa e roubar algumas joias? Quanto às próprias empresas, quem disse que elas são "grandes demais para a cadeia", ou "grandes demais para falir"?[42] Temos de enfrentar a incongruência das corporações que têm os direitos de pessoas sem as consequentes responsabilidades. Se a igreja pode ser separada do estado, certamente o estado pode ser separado da corporação (Hawken 2007: 67).

- A propriedade comum precisa tomar seu lugar ao lado de propriedade privada, especialmente para acabar com os excessos associados à "propriedade intelectual". E as empresas globais precisam enfrentar o poder de compensação do governo global, reconhecendo que a "autorregulação" é um oximoro.

- É hora de o *lobby* sair dos bastidores e ir para os espaços públicos, onde pode ser exposto e desafiado.[43] Da mesma forma, a propaganda política por empresas privadas — para influenciar políticas públicas, em vez de vender produtos e serviços — tem de acabar, bem como as doações políticas. As duas jogam a favor de pessoas com dinheiro.

- Toda a estrutura do setor de serviços financeiros deve ser repensada, a fim de eliminar a manipulação que dá lucro a poucos à custa de muitos. Devemos continuar a tolerar os mercados de futuros que podem intensificar a fome e os mercados de ações cuja negociação diária amplia as oscilações? Tributar algumas dessas atividades já está mais do que na hora. E certamente estamos fartos das práticas de curto prazo de tantas empresas de capital aberto em detrimento da sustentabilidade – do ambiente, dos funcionários e da própria economia. Há outras maneiras de financiar e governar empresas corporativas.[44] Além disso, entre esse macrofinanciamento de grandes empresas e o crescimento no microfinanciamento para pequenas empresas, que tal dar mais atenção ao médio financiamento para empresas sociais e comerciais que estão criando muitos dos novos empregos?

- As reformas são necessárias para mantermos o placar. "Crescer por crescer é a ideologia da célula do câncer", disse Edward Paul Abbey. Ainda assim, ao sinal de um crescimento econômico lento, os governos — esquerda, direita e centro — nos incentivam a voltar com nossos hábitos de consumo. Que tal enfatizar o crescimento na qualidade em vez de quantidade, para o que importa mais, como uma boa educação, medicina humanizada e alimentação mais saudável?[45] Fazer isso pode gerar emprego também. Na verdade, muitas vezes, melhores empregos.

Com esses tipos de reformas, podemos esperar que a responsabilidade social faça jus às expectativas de seus mais ardentes defensores. Também podemos esperar que instituições públicas e privadas responsivas apoiem iniciativas sociais do setor plural que mostraram sua eficácia localmente, com o financiamento, infraestrutura e talentos especializados necessários para estender o impacto em todo o mundo.[46]

Em direção a uma democracia equilibrada

A democracia está caminhando, mas muito desse movimento está na direção errada. Depois de anos de muitos países ingressando no mundo democrático, estamos vendo "um declínio no número e na qualidade das democracias (integridade de eleições, liberdade de imprensa, etc.)" (Fukuyama 2014). Podemos contrastar exemplos desse declínio em quatro países com um exemplo do oposto no quinto país.

Exclusão ou inclusão?

Nos últimos anos, um fenômeno muito semelhante tem sido observado em quatro países em quatro continentes diferentes. Para começar, o povo elegeu governos que expulsaram segmentos estabelecidos da população do poder. Todos esses governos tinha como base a comunidade — os pobres na Venezuela e na Tailândia, a irmandade muçulmana no Egito e o leste falante de russo na Ucrânia (ou foi apenas uma batalha de oligarcas empresariais alinhados com a Rússia e o Ocidente?). Todos esses quatro governos prontamente se voltaram para dentro, usando o poder para achar uma brecha em suas sociedades — ou então entrando mais a fundo em uma brecha já existente— favorecendo o interesse de seus membros e expulsão até alguns dos apoiadores que ajudaram a elegê-los.

Em 2002 e novamente em 2006, o Brasil elegeu governos populistas, como também o fizeram a Venezuela e a Tailândia. Mas ao chegar ao poder, esses governos tomaram um rumo muito diferente. Eles se voltaram para fora, no espírito da campanha de 2002 de "inclusão social", para tentar integrar preocupações sociais válidas, em vez de permitir que interesses restritos prevalecessem.

Alguns brasileiros podem discordar dessa interpretação, mas pelo menos esses governos têm tentado encontrar uma maneira melhor. De fato, o governo populista eleito posteriormente no Peru, liderado por um ex-oficial militar que muitos peruanos esperavam que fosse seguir o exemplo de Hugo Chávez na Venezuela, parece estar mais próximo do que tem acontecido no Brasil.

As consequências se mostraram extremamente diferentes também. O Brasil tem prosperado, e o Peru parece estar indo bem, mas os outros quatro países entraram em turbulência. Suas ruas foram tomadas por segmentos estabelecidos e liberais da população, resultando em violência. Essas pessoas enxergaram a nova liderança como antidemocrática, usando seu poder para obter vantagem partidária, seja para seus apoiadores ou de forma corrupta para si mesma. Esses apoiadores, em contraste, enxergaram os manifestantes como favorecendo uma "democracia liberal" ocidental que, para eles, não era liberal nem democrática. No momento da redação deste texto, três desses governos eleitos foram derrubados, mas a turbulência permanece nos quatro países, com nenhuma solução clara à vista.

Quatro países em quatro continentes, todos em conflito, com todos os lados questionando as intenções democráticas do outro. Algo está acontecendo aqui que não pode ser negado. **A chamada democracia liberal está se desmantelando e o conflito está esquentando.** Ainda assim, a negação continua sendo a ordem do dia, já que as nações poderosas do mundo se alinham de um lado ou de outro.

Embora ninguém saiba aonde esses quatro países e muitos outros acabarão, uma coisa é clara: muitas pessoas estão frustradas e se sentem compelidas a descarregar sua raiva. Mas, e se acabarem descontando essa raiva em si mesmos? E se a sua própria liderança acabar virando seu tormento? Alguém consegue resolver um problema sem ter uma solução ou com uma solução que é parte do problema? As coisas estão em movimento, mas ninguém sabe aonde isso vai dar – exceto, talvez, o 1% envolvido.

Três caminhos para trás, um para frente?

Para resumir, os países parecem retroceder, em direção ao desequilíbrio, de três maneiras. E talvez avancem de apenas uma maneira, em direção ao equilíbrio.

Um setor domina cada uma das formas de retrocesso, mostrado na figura da página 103 pela área sombreada dentro do círculo. À esquerda está o **despotismo do estado**, dominada pelo governo no setor público (como vimos no comunismo, bem como em muitos outros regimes). À direita está o **capitalismo predatório**, dominado pelas empresas exploradoras no setor privado (como temos discutido aqui). E na parte inferior está o **populismo exclusivo**, onde alguns segmentos do setor plural dominam a sociedade, excluindo até mesmo outros segmentos do setor (como a irmandade muçulmana no Egito). Faça sua escolha — burro, estúpido ou fechado — levando em conta que um pode levar ao outro. Populismo exclusivo facilmente dá origem ao despotismo do estado (como na Alemanha nazista), enquanto a queda do despotismo do estado em regimes comunistas do Leste Europeu estimulou o crescimento do capitalismo predatório no Ocidente.

Em contraste, conectado ao redor da parte externa do círculo, no espírito do equilíbrio, estão a **inclusão plural**, com base na colaboração aberta; a **empresa responsável**, preocupada com as necessidades legítimas de todas as partes interessadas; e a **democracia engajadora**, que busca a ampla participação dos cidadãos. Nenhum deles pode sozinho reequilibrar a sociedade, mas juntos eles podem.

Francis Fukuyama revisitou seu artigo "Fim da história?" em 2014, no 25º aniversário de sua publicação. Ele olhou em volta e viu apenas alternativas inferiores à democracia liberal — por exemplo, na China, na Rússia e no Irã. Ele poderia ter olhado em outros lugares. Ele também poderia ter considerado as muitas pessoas ao redor do mundo, que têm dificuldade em distinguir a democracia liberal do capitalismo predatório. Independentemente de quaisquer percepções e interpretações erradas, não podemos continuar no Ocidente varrendo essas preocupações para debaixo do tapete.

Apesar de reconhecer algumas das turbulências políticas atuais, Fukuyama não tentou explicá-las nem

DESEQUILÍBRIO E EQUILÍBRIO

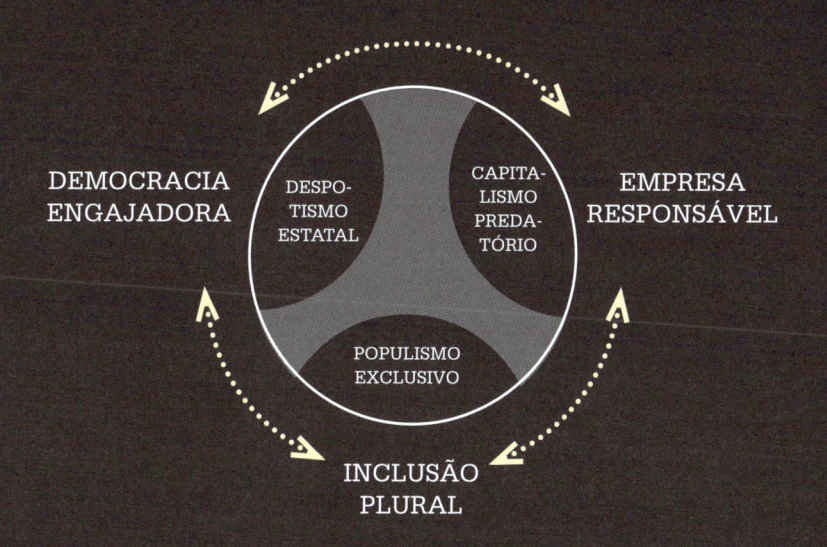

DEMOCRACIA ENGAJADORA

EMPRESA RESPONSÁVEL

DESPOTISMO ESTATAL

CAPITALISMO PREDATÓRIO

POPULISMO EXCLUSIVO

INCLUSÃO PLURAL

rejeitá-las como temporárias. Espero que ele esteja certo, mas temo que ele esteja errado (ver Mintzberg 2014).

Será que muitos de nós continuaremos a nos voltar para dentro, permitindo que alguma forma de dominação nos empurre para baixo? Ou será que sairemos dessa espiral descendente, buscando um futuro sustentável? O que vemos em partes da América do Sul, e também em lugares como Alemanha e Escandinávia, que mantiveram certo equilíbrio, dá alguma esperança. Será que esses lugares servem como exemplo para recuperar o equilíbrio nos países que o perderam, bem como naqueles que nunca o tiveram?

Para que isso aconteça, temos de repensar a democracia, resgatá-la do individualismo privado à custa da cidadania coletiva e da comunitariedade cultural. Também temos de frear o pêndulo entre esquerda e direita, bem como a paralisia do centro político. Como diz o ditado: se você sempre fizer da forma como sempre fez, sempre terá o mesmo resultado. Nesses tempos, estamos tendo muito capitalismo predatório e despotismo do estado. Então, vamos tentar fazer o que não fizemos, olhando para frente socialmente, em vez de para trás economicamente.

Esperança no <u>futuro?</u>

Certamente precisamos acertar nossas estruturas políticas, mas nosso futuro, em último caso, encontra-se com pessoas que se importam — com seu país mais do que apenas com eles mesmos e com o mundo, mais do que apenas com seu país. Vamos discorrer sobre o povo esperançoso de dois países, embora realmente representem pessoas de todos os lugares.

<u>O povo "por que não?"</u>
<u>do Brasil</u>

Citando uma peça de George Bernard Shaw: "você vê coisas; e você diz 'por quê'? Mas eu sonho com coisas que nunca existiram; e digo 'por que não?'". A esperança encontra-se com as pessoas do "por que não?" do mundo, que continuam à procura de formas novas e melhores. Elas podem ser encontradas em todos os países, mas talvez em nenhum lugar mais do que no Brasil.

O Brasil tem força em todos os três setores: tem um governo proativo e corajoso, empresas de classe mundial e iniciativas sociais em abundância, muitas fruto de parceria entre os setores.[47] O país tem seus problemas, como todos, pobreza e corrupção entre eles.[48] As disparidades de renda são grandes, mas estão diminuindo, e a economia viu anos de crescimento significativo. Mais do que isso, os brasileiros estão na vanguarda da abordagem de muitos de seus problemas de forma pragmática e engenhosa.[49] Por exemplo, têm o etanol como alternativa de combustível para todos os automóveis; há participação da comunidade na elaboração de orçamentos de muitos municípios; o movimento de teologia da libertação foi levado mais longe no Brasil; e, claro, o Fórum Social Mundial começou no Brasil, como contraponto ao Fórum Econômico Mundial de Davos.

Particularmente significativo é o modo como o país lidou com a crise de HIV/Aids. Enquanto a indústria farmacêutica manobrava globalmente para proteger seus preços exorbitantes, e o Banco Mundial emitia previsões terríveis sobre a propagação da doença no país, os brasileiros foram inovando de diversas maneiras. Por exemplo, distribuíram milhões de preservativos no Carnaval e introduziram histórias sobre viver com Aids em suas famosas novelas. Como Gui Azevedo, um brasileiro, escreveu no artigo em que dividimos a autoria sobre o povo do "por que não?" do Brasil, no lugar de "qualquer líder identificável, ou um projeto governamental, houve uma cooperação criativa", incluindo associações de homossexuais, prostitutas e hemofílicos.

O Brasil também tem um exemplo revelador do que pode acontecer quando um governo proativo está disposto a desafiar forças globais estabelecidas, ao reunir os esforços de empresas nacionais:

> Incapaz de convencer as multinacionais farmacêuticas a reduzir o preço dos antirretrovirais e enfrentando as ameaças americanas de sanções econômicas e tarifas punitivas, o Ministério da Saúde, apoiado por uma cláusula na lei de propriedade industrial brasileira que limitava os direitos nos casos de "emergência nacional", ordenou que laboratórios de pesquisa federal desenvolvessem a tecnologia necessária e concedeu "licenças compulsórias" para produzir os medicamentos localmente. No fim, surpresas pelo sucesso dos laboratórios em sintetizar os medicamentos, as grandes indústrias farmacêuticas multinacionais concordaram em negociar os direitos dos royalties. Quando, em 2001, os Estados Unidos desafiou o licenciamento compulsório do Brasil na OMC, o Brasil respondeu na Comissão das Nações Unidas dos Direitos Humanos, incentivando uma votação sobre o tratamento da Aids como um direito humano, que passou por uma

> votação de 52 – 0, os EUA sendo o único país a abster-se. (Mintzberg e Azevedo 2012: 901.)

Em 1990, o Banco Mundial estimou que, em uma década, o Brasil teria 1,2 milhão de pessoas infectadas. Em 2002, tinha menos de 600 mil.

Por que isso acontece no Brasil? Pode haver várias razões, incluindo o tamanho do país, sua separação linguística de seus vizinhos e a confiança e o pluralismo de sua população. Mas a principal razão que Gui e eu oferecemos em nosso artigo não é o Brasil, mas a atitude dos brasileiros de "por que não?" — um ingrediente primordial para a uma mudança social criativa.

Claro, não é preciso viver em um país do "por que não?" para ser uma pessoa do "por que não?". Nem precisa ser muito criativo para chegar a uma solução criativa. Muitas pessoas com uma mente aberta se depararam com uma solução que mudou o mundo, como fez Alexander Fleming ao descobrir que o mofo havia matado bactérias em algumas de suas amostras de pesquisa. Por que não usar isso no corpo humano, ele pensou, e surgiu a ideia da penicilina. E graças aos novos meios de comunicação, você não precisa ter uma rede muito grande para conectar movimentos sociais e iniciativas em todo o mundo.

A "gente boa" da América

John é meu amigo e colega da McGill, da faculdade de Medicina, um americano que se vê como moderadamente conservador. Por essa razão, dei a ele uma versão anterior deste documento e pedi que comentasse. Ele fez muitos comentários e, na verdade, acabou apoiando bastante o que estou fazendo. Novamente aqui havia confusão entre as separações estabelecidas há tanto tempo entre esquerda, direita e centro.[50]

A reação dele trouxe à minha mente o que eu chamo de "a pergunta do John": como posso chegar a pessoas como John, que provavelmente não comprariam este livro, mas poderiam apoiá-lo, se o lessem?

Em uma e-mail recente, John falou sobre "a pergunta". Referindo-se à versão anterior como dando "pouca atenção à gente boa da América, ... na sua maioria ética, gentil e generosa", apesar "de enganados por políticos corruptos e doadores de campanhas políticas que estão arruinando o país", John sugeriu que "algumas palavras para diferenciar essa gente boa de um mau sistema pode tornar o livro ainda mais palatável para John". E equilibrar mais também, o que tentei fazer nesta revisão.

Os Estados Unidos têm sido a terra das pessoas do "por que não?", experimentando de todas as maneiras

— em empresas do setor privado, claro, mas também em iniciativas sociais do setor plural. Mas a primeira é dominante: a gente boa da América, apesar de alguns sucessos, perdeu o controle do país. Muitas vezes, os discursos públicos de hoje perguntam "por quê?" em vez de explorar o "por que não?". A consequência é que o país tão reconhecido por abraçar a mudança tecnológica está experimentando boa dose de impasse social.[51]

Nunca, no entanto, subestime a capacidade do povo americano. "Você sempre pode contar com os americanos para fazer a coisa certa depois que eles tentaram o resto" (citação atribuída a Winston Churchill, mas nunca confirmada). Os americanos esgotaram muitas alternativas. Será que as pessoas boas finalmente retomarão o país e farão as coisas certas? Espero que sim, pelo bem de todos nós.

Será que essa gente boa da América conduzirá a marcha para a nova ordem mundial? Não, não desta vez, mesmo que os americanos façam parte dessa marcha. Será que significa que a liderança deverá ser tomada pelo povo do "por que não?" do Brasil? Não de novo, mesmo que estejam dando alguns exemplos bem convincentes. Duas vezes não, pois povo algum consegue fazer isso. Como discutiremos a seguir, teremos de contar com duas pessoas.

"Temos de repensar a democracia, resgatá-la do individualismo privado à custa da cidadania coletiva e da comunitariedade cultural."

5. VOCÊ, EU E NÓS NESTE MUNDO CONTURBA-DO

QUANDO ALGUÉM ME PERGUNTOU recentemente: "como estão as coisas?". Deixei escapar: "está tudo bem. Ao menos, para mim". Se você está no mesmo barco, por favor, não pressuponha que vai flutuar. E se você acredita que "alguém tem que fazer algo a respeito", então, por favor, entenda que é melhor que esse alguém seja você. E eu. E nós – *nós* mesmos, como sujeitos, não objetos. Os problemas deste mundo estão mais próximos da nossa porta e muito mais longe da solução do que a maioria de nós gostaria.

Quando Kofi Annan (2013) apelou para um "movimento global popular" para enfrentar a mudança climática, ele quis dizer você e eu, toda vez que levarmos o lixo para fora ou explorarmos alguma externalidade conveniente. "Pensar verde não pode ser responsabilidade exclusiva de alguns ativistas ambientais, enquanto o resto de nós continua a viver como se não houvesse amanhã", disse ele. Não são as areias betuminosas que criam a poluição, mas aqueles de nós que levam adiante suas intenções, em nossos carros e nossos votos.

Vou repetir: nosso mundo está perigosamente fora de equilíbrio e exige uma renovação radical. As pessoas terão que fazer isso. Não são "eles". Você e eu, individualmente e em conjunto. Não se centrando sobre o que *eles* fazem para *nós*, mas reconhecendo que *nós* podemos fazer para *nós mesmos*. E sem ter que gastar tanta energia combatendo a exploração, mas usando nossa capacidade de contornar essa exploração. Restaurar o equilíbrio da sociedade deve ser o nosso legado, se é que pretendemos algum legado. A alternativa é o fim da nossa história.

Abrindo nossos olhos

Olhe ao redor: para um amigo competente que perdeu o emprego porque a empresa estava "enxugando" para pagar bônus a algum executivo ou para outro amigo que manteve seu emprego em um local mercenário e perdeu-se no álcool e nas drogas. Para um parente que sucumbiu à epidemia do câncer, graças ao ambiente tóxico que toleramos. Para as vidas de pessoas próximas de comunidades gradeadas, na qual você pode estar morando. Para sua própria vida, então, por ter de se aprisionar. Para as gangues de jovens desempregados nas nossas ruas, que estão imitando a violência que veem em nossos cinemas locais.[52] Nas casas não muito longe que foram destruídas por um clima bizarro, provavelmente causado pelo aquecimento global. ("Não comprovado", afirmam os estudos patrocinados por indústrias que se beneficiam do aquecimento e repetidos por esses economistas [por exemplo, Klaus 2008] que dizem, na verdade, "como se atreve o ambiente a desafiar a supremacia da nossa teoria?".) Um ou mais desses problemas podem estar vindo em nossa direção — não em nossas telas de TV, mas em nossas vidas pessoais.

A angústia no mundo de hoje não é incidental. Como aqueles cães nervosos antes de um terremoto, muitos de nós parecem estar sentindo o que não entendemos ainda. Então, enquanto isso, seguimos em frente alegremente. Quando se trata de ambiente, por exemplo, gastamos muito mais tempo apontando o dedo para os outros do que refletindo sobre o nosso próprio comportamento. Meu carro pequeno quase não polui em comparação com o seu carrão (ele ainda polui). Nosso carvão americano é "limpo" (em comparação às suas areias betuminosas canadenses, suponho). Nossas areias *betuminosas* são responsáveis por apenas 0,15% dos gases de efeito estufa do mundo (vamos manter no alvo os poluidores responsáveis por 15%). Por que deveríamos *nós* no mundo em desenvolvimento esquentar com isso se todos *vocês* do mundo desenvolvido criaram esses problemas em primeiro lugar? E assim vai, *ad nauseum*, cada um de nós culpando alguém como uma desculpa para nossa própria inércia.

Nós, de Montreal, tivemos alguns verões excepcionalmente quentes recentemente, enquanto assistíamos na televisão vídeos de grandes inundações, destruindo outros lugares. Ainda assim, cada vez que entro em um restaurante, tenho que levar um casaco para lutar contra o ar-condicionado. Junto com as descargas de lixo deste mundo vai uma quantidade absurda de externalidades convenientes – sem ninguém ver, sem ninguém pensar – enquanto as instituições financeiras fazem mais dinheiro negociando nosso lixo de carbono: mais mercados para corrigir outros mercados, em vez de simplesmente parar com a devastação. Estamos preparados para explicar aos nossos filhos o estado do mundo que pegamos emprestado deles?

Chegando lá

É incrível como poucos de nós, incluindo alguns dos mais preocupados, chegam a entender nossos próprios comportamentos. É conveniente não entender. Afinal, se os mercados não entendem, por que eu deveria? Se as areias betuminosas apenas contribuem com a fração de 1%, o que eu poderia fazer?

Essa é a fórmula perfeita para o desastre. Tudo o que temos de fazer é nos manter na linha, uma linha que estamos caminhando há muito tempo: cada um de nós para nós mesmos, cada uma das nossas instituições e nações para si. Por que não, se a ganância é boa?

Espera-se que as pessoas cooperem quando têm um inimigo em comum. Bem, temos um inimigo em comum, e esse é nosso problema: o inimigo somos nós – especificamente, nossa própria individualidade, um interesse próprio fatalmente incompreendido. Diz-se que "nenhum floco de neve se julga culpado da avalanche que provocou" (Stanislaw Lec). Somos todos culpados – então, por favor, sem mais desculpas.

A pergunta de Irene

Irene é uma gerente financeira canadense, que já trabalhou no setor privado e no setor plural. Ao ler o manuscrito deste livro, ela teve duas reações. Primeiro, "sabia o que estava acontecendo... mas não até que ponto estava incorporado nas leis que pensei que nos protegiam, nas empresas que 'nos servem' e nos governos que não têm poder para ajudar". Segundo, "gostaria de fazer alguma coisa; não sei por onde começar". Chamo essa pergunta de "a pergunta de Irene": o que posso fazer? É uma pergunta que me fazem a toda hora.

Uma resposta óbvia é avaliar o que as outras pessoas já estão fazendo, juntar-se a elas ou imitá-las.

A outra é dar uma boa olhada nas necessidades em volta que ficaram escondidas pelos nossos próprios negócios. E com a nossa própria mentalidade também: vemos o que acreditamos. Quando acreditamos de forma diferente, podemos ver de forma diferente e, então, agir de forma diferente. Portanto, a melhor resposta que posso dar para a pergunta de Irene não é nenhuma receita específica, mas a descrição que já ofereci aqui.

Posso, no entanto, sugerir algumas orientações. **O lugar para começar a confrontar os exploradores do mundo está na frente de nossos próprios espelhos. Agora!** Temos de nos reequilibrar se queremos reequilibrar nossas sociedades. Isso facilitaria o confronto com os grandes exploradores! Eles funcionam em todos os setores, e nós também, como consumidores, eleitores e associados, e, claro, como trabalhadores. Temos uma linha direta com cada um deles: precisamos usá-la.

Vamos clicar no "botão de desligar" e pressionar "pausar" naquelas outras distrações, para que possamos voltar aos nossos direitos pessoais e ver o que está acontecendo na base – na rua, na cidade, no mundo todo, no espelho. Então, quando a próxima pequena vontade aparecer, em vez de ceder a ela, podemos fazer algo diferente – tão simples quanto vestir um casaco em vez de ligar o aquecimento. Faz bem para o meio ambiente e ainda melhor, por significar uma mudança de atitude.

A partir disso, pode ser natural oferecer ajuda a um vizinho doente, e depois se juntar a um grupo comunitário que ajuda muitas dessas pessoas. Uma hora, talvez nos encontremos na rua protestando contra o abandono dessas pessoas. Melhor ainda, poderíamos começar uma iniciativa de pôr um fim a esse abandono, localmente e globalmente. As respostas, veja você, estão ao nosso redor.

Vivendo uma vida decente

Aqueles de nós que vivem a vida boa certamente desejam mantê-la. Mas há maneiras muito melhores de fazer isso do que cedendo ao consumo. "Você nunca se cansa do que você realmente não precisa" (atribuído a Huston Smith). Que desperdício da vida boa. Que desperdício de um planeta lindo.

O mundo economicamente desenvolvido tem uma necessidade extrema de reconstrução social. Muitos de nós que aqui vivemos somos muito mais ricos do que poderiam imaginar nossos antepassados. Mas fizemos uma confusão horrível na utilização dessa riqueza. Quando vamos afinal ter uma vida decente?

E quando começaremos a dar um exemplo diferente para aquelas pessoas que têm a intenção de imitar nosso "desenvolvimento"? ==Em nome dos nossos desejos, estamos perpetuando um cenário de destruição em massa.== Quem somos nós para dizer a eles: "desculpa, é tarde demais. Este planeta não aguenta mais". Não temos escolha, portanto, mas, dar um exemplo diferente, cortando nossos próprios excessos e parando de aplaudir os super excessos dos super ricos como um tipo de esporte perverso com espectadores. Que tal celebrar a modéstia para variar?

Mudando o mundo de novo

Dizem que Margaret Mead uma vez disse: "Nunca duvide que um pequeno grupo de cidadãos comprometidos e capazes de pensar possa mudar o mundo. Na verdade, é a única coisa que já mudou". Porém, mudar este mundo requer muitos desses grupos, agindo individualmente e em conjunto, todos os dias, em todos os lugares. Seremos sábios o suficiente para usar nossa criatividade para agir de forma diferente, antes de a revolução nos levar a um desequilíbrio pior?

Estamos prontos para atuar em uma escala que será sem precedentes, por um planeta cujos problemas não têm precedentes?

Tom Paine disse ao povo americano em seu panfleto *Common Sense* (Senso Comum): "Está na nossa mão o poder de recomeçar o mundo". Paine estava certo em 1776. Podemos estar certos novamente agora? Podemos nos dar ao luxo de não estar?

"O lugar
para começar a
confrontar
os exploradores
do mundo
está na frente
de nossos
próprios espelhos.
Agora!"

APÊNDICE

Fervendo em nossa própria água

Um desabafo sobre o nosso desequilíbrio,
com algumas sugestões de mudança

UM ADÁGIO BEM CONHECIDO afirma que, se você colocar um sapo em água quente, ele saltará para fora, mas se você colocá-lo em água fria e gradualmente aumentar o fogo, o sapo permanecerá fervendo até a morte. Estamos fervendo na nossa própria água?

Leia todo este apêndice com atenção. Muitos pontos podem soar familiares, mas juntos eles contam a história de um mundo que está perigosamente fora de equilíbrio. Ou paramos, ou ele irá nos parar. (Uma versão mais completa encontra-se no *site*: **www.mintzberg.org**, das páginas 77-106.)

Consumidos pelo consumo

No mundo de hoje, glorificamos o consumo enquanto consumimos nós mesmos e nosso planeta. "No passado, tínhamos que trabalhar a fim de produzir coisas úteis. Hoje, temos que consumir coisas inúteis para trabalhar"(Sibley 2006). "Colhemos" os peixes do mar, como se fôssemos donos de tudo que é vivo, enquanto os produtos químicos que não vivem destroem muito do que vive. Estamos em uma corrida para descobrir se nosso suicídio coletivo virá de fora — seja ele poluição, aquecimento global, holocausto nuclear — ou de dentro, graças aos químicos que ingerimos, inalamos e absorvemos?

Pessoas jurídicas e recursos humanos

Do mesmo modo que as corporações tornaram-se "pessoas" segundo a lei, as pessoas tornaram-se "recursos" nas corporações. Você é um recurso humano? Eu sou um ser humano.

A Suprema Corte dos EUA declarou que essas pessoas jurídicas têm o direito à liberdade de expressão. Como consequência, algumas delas têm usado sua riqueza para abafar a liberdade de expressão das pessoas reais, pensando sobre questões públicas com propaganda em massa. (Lute contra os milhões gastos para promover o "carvão limpo".) Outros iniciaram ações frívolas (chamadas de SLAPPS em inglês: ações judiciais estratégicas contra a participação do público) para calar os adversários que não podem pagar as custas judiciais para lutar. E em 2010 e 2014, a Suprema Corte abriu as comportas para o dinheiro dessas pessoas "privadas" nas eleições públicas (veja box a seguir).

MENTIRAS QUE OS LOBISTAS NOS CONTAM

LOBBY É UMA QUESTÃO DE LIBERDADE DE EXPRESSÃO. Então, por que ocorre atrás de portas fechadas?

CORPORAÇÕES, COMO PESSOAS FÍSICAS, TÊM DIREITO À LIBERDADE DE EXPRESSÃO. Alguém nos Estados Unidos fez um processo para reconhecer os chimpanzés como pessoas frente à lei (a fim de protegê-los). Certamente a reivindicação dos chimpanzés seria mais legítima do que a das corporações.

LOBBY É LEGAL. De certa forma, o *lobby* pode até ser legal. Da mesma forma que o suborno, disfarçado de doação para partidos políticos, que abriu as portas dos bastidores ao *lobby*. Corrupção, veja, pode ser legal também.

TODO MUNDO PODE FAZER *LOBBY*. "Todo mundo" inclui aqueles que têm dinheiro para subornar políticos ou o poder de infernizar suas vidas ou ameaçar sua reeleição. Ainda que a maioria dos americanos tenha apoiado a lei que ampliava a fiscalização de antecedentes de compradores de arma, o *lobby* das armas parou sua tramitação no Senado.

LOBBY É UMA QUESTÃO DE DEMOCRACIA. Na verdade, o *lobby* destrói a democracia. Hoje, é evidente que as pessoas que conseguem fazer *lobby* são mais iguais do que aquelas que não o fazem.

Liberdade de imprensa ou de empresa?

A maioria dos países chamados de democráticos não tem uma liberdade de imprensa, apenas liberdade de empresa, subordinada aos proprietários e aos anunciantes. Na última eleição federal no Canadá, um partido neoconservador foi eleito com menos de 40% do voto popular, mas com o aval de todos os jornais diários em inglês, com exceção de um. Na Itália, Silvio Berlusconi usou o controle de grande parte da imprensa e da mídia italiana para se manter como primeiro-ministro por quase nove anos. A democracia é algo que podemos defender e depois ignorar? Em nome da concorrência, algumas pessoas gostariam de livrar seus países das únicas grandes redes que não são corporativas: BBC, PBS, CBC e outras. Para recuperar o equilíbrio da sociedade, precisamos de mais vozes alternativas nos meios de comunicação, não menos. As redes sociais estão dando o pontapé inicial, mas de leve.

Anestesiado pela propaganda

Pare um pouco e observe as próximas propagandas que você encontrar. Pergunte-se quantas delas vão além de informar, menosprezando valores humanos básicos (misturando diamantes com amor, por exemplo) ou, então, mentem logo de cara, por comissão ("nada a se preocupar" diz um painel publicitário de um plano de previdência em Nairobi) ou por omissão ("carvão limpo", quiseram dizer carvão *mais limpo*?).

Caveat emptor (cuidado, comprador) mesmo que seja uma criança de 5 anos assistindo à televisão. Até os anos 2000, uma criança média nos Estados Unidos assistia a mais de 40 mil comerciais de TV em um ano (Dittmann 2004). Por que os pais que desejam proteger seus filhos têm de lutar batalhas perdidas contra interesses comerciais?

"Quem se importa?", você poderia pensar, já que mal nota esses comerciais. Pense novamente. Comerciais com ataques políticos, que reduzem os candidatos a caricaturas, funcionam muito bem, desviando a atenção das questões sérias. Eles influenciam alguns eleitores enquanto outros se desligam da política completamente – que pode ser o melhor resultado para os piores políticos.[53]

A comercialização de quase tudo

Considere até que ponto nosso mundo se tornou comercial, onde tudo pode ser "monetizado". A prostituição, como a venda indiscriminada de alguns aspectos preciosos do eu, é desenfreada em nossas sociedades. Celebridades ricas vendem seus nomes para endossar produtos que não significam nada para elas; os Jogos Olímpicos são trazidos até nós por bebidas açucaradas e alimentos gordurosos; professores universitários e médicos prontamente aceitam subornos de indústrias farmacêuticas.[54] Pessoas bem sucedidas – artistas, escritores, *chefs* – são divulgadas como "marcas", e as pessoas normais andam por aí como painéis divulgando as marcas que compraram. (Por favor, não me julgue pelo relógio que uso.)

Que tal nos erguermos em vez de ficarmos nos arrastando – celebrando famosos que dizem não e torcendo em eventos esportivos sem campanha de relações públicas, em que treinadores não precisam mais se vestir como pessoas de negócios.

A castração do governo

No cenário ganha-ganha do comunismo, o estado supostamente "murcharia". Agora, o capitalismo está passando por isso, pelo menos para os departamentos do governo que não servem a seus propósitos. Muitos países vêm implacavelmente "privatizando" seus serviços públicos, como se as empresas fossem sempre superiores ao governo.

Nunca entendi isso exatamente. Meu primeiro emprego em tempo integral foi na estatal Canadian National, a empresa ferroviária mais progressista do mundo na época. Agora, sou um ouvinte ávido da rádio CBC, também de propriedade do estado e notável.[55] O que eu entendo é que o fracasso de nacionalizações irracionais por parte dos governos de esquerda não justifica privatizações irracionais pelos governos de direita.

Na eleição presidencial dos Estados Unidos de 2012, enquanto os interesses privados gastaram bilhões em campanhas, alguns governos de Estado sequer tinham verba para os mesários. Quem pode esperar serviços públicos decentes quando há pouco respeito pelo serviço público?

Entretanto, sob a bandeira da "nova gestão pública", um eufemismo para velhas práticas corporativas, os serviços públicos que não podem virar negócio supostamente devem fingir que são empresas: colocando líderes heroicos no comando, reorganizando-se constantemente, medindo como louco e aplicando a reengenharia em tudo o que enxerga.

A maioria das atividades está no governo *porque* não podem ser gerenciadas como empresas. Como gerenciar a diplomacia? Como medir o que uma criança aprende na sala de aula sem destruir a qualidade da educação? Um funcionário público britânico sênior, ao ser perguntado por que tinha havido tal profusão de medição em seu ministério, respondeu: "o que resta a fazer quando não entendemos o que está acontecendo?". Que tal tentar conectar-se, comunicar-se ou até mesmo usar o bom senso? (Lembra do bom senso?)

Como os custos dos serviços públicos são geralmente mais fáceis de medir do que seus benefícios, os políticos podem cortar esses custos sem nenhum efeito óbvio sobre os benefícios. Pode levar anos para aparecer, e, mesmo assim, não como números, mas pela experiência das pessoas que sofrem as consequências – uma criança ensinada por um professor mal treinado, uma comunidade sem policiamento. (Ver "A Note on That Dirty Word 'Efficiency", Mintzberg 1982.)

Como consequência dessa nova gestão pública, muitos departamentos do governo agora andam por aí como amnésicos, confusos sobre o que deveriam ser. Existe alguma maneira melhor de chamar o governo de inepto, como seus críticos afirmam? E não apenas governos: existem hospitais e ONGs que têm seus CEOs, universidades que têm suas classificações de crédito, bancos de alimentos que têm seus planos de negócios.

Globalização para o global

Em nome da globalização, muitas grandes empresas correm livremente ao redor do globo, aplaudidas pelos organismos internacionais poderosos que deveriam regulamentá-las, todos eles econômicos: Fundo *Monetário* Internacional, *Banco* Mundial, Organização Mundial do *Comércio* (OMC).[56] É dessa forma que o dogma econômico se entrincheirou mais profundamente, para o bem dos direitos das empresas em todo o mundo.[57]

Quando a União Europeia restringiu o uso de alimentos geneticamente modificados em resposta às preocupações generalizadas do cidadão sobre o efeito na saúde, Argentina, Canadá e Estados Unidos fizeram uma contestação formal à OMC – que julgou a proibição ilegal. Por que a Organização Mundial do *Comércio*? Onde raios estava a Organização Mundial da *Saúde*? O que economistas têm a ver com essa história para dizer que oficiais da área não podem legislar sobre questões de saúde?

O *bullying* está desenfreado na arena da globalização. "Nivele o campo do jogo" é o lema. Claro, para que o New York Giants possam pegar algum time colegial de Tombuctu. Com a OMC e o FMI como árbitros. Este jogo tem regras ocidentais, mas se encontra no sul. Mas as regras são prontamente suspensas quando os interesses ocidentais estão ameaçados.

Na década de 1930, aprendemos que mercados não regulamentados podem ser perigosos para uma economia doméstica. Levamos mais boa parte do século seguinte para descobrir que também podem ser perigosos para a economia internacional. No entanto, aqui estamos, sentados como espectadores, esperando o próximo desastre econômico.

O box a seguir toca em algumas dessas questões em uma história sobre as atividades de uma empresa global.

PERDENDO NO JOGO GLOBAL

Em dezembro de 1999, li uma propaganda da Nokia em uma revista canadense. Mostrava a tela de um dos seus celulares, com a descrição "Na Revenue Canada, sua ligação é importante. Por favor, aguarde". Abaixo do telefone estavam as palavras "bateria de longa duração".

Bonito. Será que a Nokia concordaria com uma propaganda da receita federal canadense que a desrespeitasse da mesma forma?

Pouco tempo depois, em um dia de semana às 10h, liguei para o número da Nokia listado na propaganda. Naquela época, as pessoas atendiam o telefone (ou não). Ouvi uma voz de "por favor, aguarde" até que uma pessoa real me atendeu depois de 2 minutos e 55 segundos. Em seguida, liguei para o número da Revenue Canada que constava na lista telefônica de Montreal. Nenhuma voz disse "Por favor, aguarde"; uma pessoa real respondeu em 12 segundos.

Um exemplo já basta: por que tolerar esses golpes baixos com o governo, nesse caso, por uma empresa de destaque que sequer fez o dever de casa, pelo menos naquela manhã?

Mais tarde, entrei em contato com um amigo na Finlândia, onde a Nokia tem sua sede, com uma pergunta: a empresa ou sua gestão sênior fizeram *lobby* para a redução de impostos no país? A resposta chegou com quatro artigos e um discurso por ou sobre Jorma Ollila, o CEO da Nokia. Ele disse a um jornal: "uma tributação elevada é insustentável em longo prazo", com uma leve ameaça de transferir a sede da Nokia para fora do país (*Helsingin Sanomat*, 27 de abril de 2001). "De acordo com Ollila, [a] decisão [do governo, em aumentar os impostos sobre pessoa jurídica em 1%], causará problemas para a Finlândia, pois muitos países europeus estão diminuindo bruscamente seus percentuais de imposto".

Ollila alegou que impostos mais baixos poderiam na verdade dar "uma injeção de crescimento para toda a economia nacional" (*Helsingin Sanomat*, 27 de janeiro de 2002) e, assim, "criar uma possibilidade de financiar serviços da sociedade" (em um discurso para a câmara do comércio finlandesa, 4 de junho de 2002).

Isso sugere a seguinte sequência: negar ao governo essa receita é bom porque a economia cresce, que, por sua vez, fornece uma base para mais impostos, para que o governo acabe com mais receitas, e, assim, os cidadãos necessitados obtenham melhores serviços. Sem perdas para nenhum dos lados. Ou é tudo mentira, uma corrida até o fim em benefício dos ricos?

Imagine se outros países seguissem isso. Na real, não é preciso imaginar. No Canadá, quando o anúncio surgiu em 1999, o imposto corporativa federal era de 28%. Quando escrevi a primeira parte deste livro em janeiro de 2012, o governo conservador tinha recém reduzido de 16,5% para 15%. Três meses depois, o governo estava apresentando cortes orçamentários de 10% em grande parte do serviço público federal, desmembrando muitos programas sociais, regulatórios e ambientais. O governo, veja você, estava com pouco dinheiro, e isso iria economizar $ 5,2 bilhões por ano.

Esse corte de 1,5% do imposto custaria ao governo $ 3 bilhões ao ano. Os cortes de imposto cumulativos desde que o Partido Conservador chegou ao poder em 2006, quando a taxa era de 21%, estavam custando ao governo $ 13 bilhões ao ano (Macdonald e Jackson 2012). Em outras palavras, houve uma transferência significativa de serviços públicos para os lucros privados. A maioria dos 99% dos canadenses ainda está esperando ganhar alguma coisa.[58]

Então, a sequência real acaba por ser mais próxima a este pequeno e fechado *loop*: críticas ao governo para ganhar apoio popular para a redução dos impostos, que deixa os serviços públicos à míngua, para que o governo pareça incompetente, possibilitando assim que mais desses serviços acabem nas mãos do setor privado, o que reforça sua supremacia. Ou para expressar essa questão sem mais rodeios: culpar o governo por não atender ao telefone, para que o governo não possa atender ao telefone.

É claro que a propaganda apareceu no Canadá enquanto Ollila estava buscando reduzir os impostos na Finlândia. Mas é aqui que entra a globalização. Ele estava ciente de impostos mais baixos em outros países, era essa a justificativa dele para a redução de impostos na Finlândia. Se a propaganda fizesse sua parte para reduzir os impostos no Canadá, então, o Ollilas do mundo global tinha mais munição para fazer *lobby* a fim de reduzir os impostos nos seus próprios países. Isso pode até mesmo se tornar uma espiral sem fim, imagine.

Não há nada de extraordinário nessa história, que é precisamente o que a torna extraordinária. A Nokia e Ollila simplesmente estavam fazendo o jogo da globalização: dividir as nações soberanas para aumentar o poder das corporações de direito. Como consequência, o planeta está aquecendo e as sociedades estão fervendo para que os ricos possam enriquecer exponencialmente. A isso chamamos de progresso.

Democracia na América – 25 anos depois

A democracia é um processo dinâmico, não um estado fixo. Ela é composta por alguns itens obrigatórios, como uma imprensa verdadeiramente livre, eleições abertas, igualdade de direitos e um poder judiciário independente. Nenhum país pode simplesmente ser declarado democrático, como se estivesse em alguma condição de equilíbrio ideal. Tem de ser julgado mais ou menos democrático em cada um desses itens, em comparação com outros países, bem como com seu desempenho anterior. Os Estados Unidos praticamente escreveram o livro sobre a democracia como a conhecemos. Como está indo neste quarto século desde o triunfo do desequilíbrio?

Não muito bem.

No início da república, todos os homens brancos donos de uma propriedade eram considerados iguais. Posteriormente, com grande esforço e um terrível derramamento de sangue, o resto do povo a eles se juntou. Pessoas jurídicas juntaram-se também, sem muito esforço, para que a propriedade voltasse – com uma vingança. Os piores receios de Jefferson e Lincoln se concretizaram: o interesse próprio fatalmente incompreendido está destruindo a república. A "democracia econômica" não é necessariamente democrática, não mais do que o capitalismo. A liberdade no mercado não deve ser confundida com a liberdade nas urnas.

Muitas pessoas do mundo "desenvolvido" apontam seus dedos para a corrupção da política em alguns dos países pobres. A diferença na América, hoje, é que a corrupção é legal. Interesses endinheirados subornam políticos com doações sancionadas pelo tribunal; empresas investem grandes quantias em propaganda para influenciar a opinião pública em questões políticas; a extensão do *lobby* no Congresso transformou boa parte da política do país em um *pork barrel* para os já favorecidos. Como David Brooks escreveu em sua coluna no *New York Times* (2011a): "Washington é o lar de um emaranhado vertiginoso de associações industriais, grupos ativistas, grupos de reflexão e lojas de comunicações. Essas forças dominaram o governo originalmente concebido pelos fundadores".[59]

O período de maior desenvolvimento do país – social e politicamente, bem como economicamente – indiscutivelmente veio quatro décadas após a II Guerra Mundial, quando os Estados Unidos estavam muito mais bem equilibrados do que hoje. Os anos desde 1989 foram testemunha de uma reversão alarmante em muitas frentes, inclusive algumas em que o país tinha o melhor registro do mundo. Considere os números de prisioneiros (o maior do mundo) e de obesos (o segundo mais alto); o uso de antidepressivos (o segundo medicamento mais prescrito nos Estados Unidos); os custos de saúde (o maior do mundo de longe, com resultados medíocres[60]); níveis de pobreza (o mais alto em 52 anos de relatórios), de comparecimento às urnas (114º de todas as nações), de abandono escolar (18º das 24 nações industrializadas), do número de graduados per capita (16º no mundo), até mesmo de mobilidade social (agora atrás de vários países industrializados).

O índice de homens americanos que não trabalha chegou recentemente perto de 20%, "provavelmente o mais alto desde a Grande Depressão" (Brooks 2011 c).[61] Disparidades de renda também chegaram a níveis nunca antes vistos desde a Depressão, com a média da renda familiar alcançando em 2010 índice visto pela última vez em 1996. Uma enquete com homens trabalhadores informou que 70% "ou odeiam ir ao trabalho ou mentalmente já saíram do emprego" (Egan 2013).[62] (Evidências detalhadas sobre todas essas questões, com fontes de referências, podem ser encontradas nas páginas 100-104 e 124 – 127 do texto original em inglês no *site* www. mintzberg.org.)

Se isso é desequilíbrio, não é uma imagem bonita. Mas a negação permanece como a ordem do dia. Ao revisitar sua tese do "fim da história", após 25 anos, Francis Fukuyama (2014) concluiu que ele estava certo. Ele reconheceu algumas dessas evidências, mas prontamente as rejeitou como temporárias, com o aviso de não "se deixar levar pela evolução em curto prazo" – para tomar cuidado ao julgar o desempenho de um sistema político "em qualquer década". Passaram-se 25 anos. O *New York Times* publicou um artigo (Shane 2012) que também discutiu algumas dessas evidências, mas com um título que indicava outra conclusão: "Uma regra para os políticos dos EUA: "Somos o nº 1!". Em negação, pelo menos.

Especialmente preocupante é que boa parte da população americana aceitou passivamente esses mitos. O que acontecerá quando eles tiverem que enfrentar a realidade? O box a seguir sugere uma possibilidade sombria. Se parecer demais, leia-o como um alerta.

UM PARALELO PERTURBADOR

Em um ensaio, o advogado canadense Paul Bigioni (2005; ver também 2006) traçou um paralelo entre algumas condições contemporâneas nos Estados Unidos e algumas que acompanharam a ascensão do fascismo alemão e italiano na década de 1930.

Bigioni observou "a exaltação das grandes empresas à custa do cidadão"; a presença prévia de uma democracia liberal (economicamente) nos países, com uma concentração de poder econômico que se tornou poder político; a falta de leis antitruste em vigor em uma época "estranha como a nossa, na medida em que economistas e empresários constantemente clamavam por autorregulação"; a redução de impostos sobre grandes empresas; "o agrado à classe média", de onde Hitler chamou alguns de seus partidários mais entusiastas, ao mesmo tempo em que "os destruía"; políticas trabalhistas que eram "um sonho se tornando realidade" para as grandes indústrias, dando "total controle sobre os salários e condições de trabalho para o empregador"; na Itália, a abolição do imposto sobre herança e enormes subsídios para as maiores empresas industriais do país, com os pobres subsidiando os ricos, enquanto os salários e padrões de vida para o italiano mediano caiam vertiginosamente.

Bigioni desafiou a suposição de que temos democracia suficiente para nos proteger: acreditar nisso leva exatamente ao tipo de complacência que permite que nossos sistemas sejam silenciosa e lentamente distorcidos.

> [A] ditadura fascista tornou-se possível pela noção falha de liberdade que dominou a era do capitalismo *laissez-faire* no início do século XX. Foram os liberais [econômicos] da época que clamaram por liberdade pessoal e econômica sem restrições, custasse o que custasse para a sociedade. Tal liberdade sem restrições não é adequada para seres humanos civilizados. É a liberdade da selva. Essa noção de liberdade legitimiza cada aumento da riqueza e poder daqueles que já são poderosos, independentemente da miséria pela qual outros passarão como resultado. O uso do estado para limitar essa "liberdade" foi denunciado pelos liberais *laissez-faire* do início do século XX.

Bigioni encerrou seu ensaio com um apelo à "liberdade equilibrada e civilizada".

Democracia para o globo?

A imagem americana no exterior é variada; contudo, um mito poderoso ainda prevalece. A nobre América entrou na II Guerra Mundial e mais tarde levou o Plano Marshall de longo prazo para a Europa. O país posteriormente promoveu eleições democráticas em muitos países. Enquanto isso, o lado ruim da América apoiou regimes opressivos e fez de tudo para acabar com alguns decentes, em parte para proteger os interesses das suas empresas.[63]

Ainda assim, muitos comentaristas americanos importantes, incluindo Tom Friedman e George Soros, só veem o lado nobre da América e dizem que o mundo precisa de seu país para manter a paz e o bom governo.[64] Um dos biógrafos de Napoleão o viu como um visionário porque ele imaginou uma paz duradoura em uma Europa unida antes da criação da UE. De alguma forma, os russos e os prussianos não viram dessa forma. Quantas pessoas fora dos Estados Unidos têm a mesma visão de Soros e Friedman?

Devemos contar com um único país para liderar o mundo em direção a uma ordem justa, especialmente um país que continua a promover internacionalmente o modelo que tem causado muitos de seus problemas domésticos?[65] Será que o proponente mais entusiasta do individualismo no mundo – para si mesmo como uma nação junto a seus cidadãos – pode fomentar a cooperação que o mundo precisa tão desesperadamente? Certamente este mundo "moderno" pode ter uma ideia melhor. A nobre América precisa se posicionar, reconhecendo que, enquanto o país não tiver a resposta para os problemas do mundo, ele precisa se juntar com outra gente boa para desenvolver um.

Claro, todas as grandes potências do mundo tendem a promover seus próprios interesses enquanto fazem vista grossa para algumas das consequências internacionais. Mas a justificativa de que sempre foi assim cabe no mundo de hoje?

O poder das cinco das grandes nações do mundo é legitimado pelos membros permanentes no Conselho de Segurança da ONU. Assim, permite-se que alguns deles usem seus vetos descaradamente em busca de seus próprios interesses. Aparentemente para ser membro desse conselho é preciso:

(1) um grande arsenal de armas nucleares, (2) liderança do *ranking* mundial de exportadores de armamentos (eles vão do primeiro ao quarto e o sexto) e (3) uma história de colonialismo ou qualquer outra forma de *bullying* internacional.

Não precisamos desse conselho, mas de um que possa liderar um governo global determinado a promover as necessidades deste mundo, confrontando os direitos da globalização econômica. Imagine, por exemplo, um conselho de paz que compreenda nações democráticas que não se envolveram em guerras por algumas décadas e não têm uma exportação significativa de armas. Esse grupo de, na sua maioria, pequenas nações não beligerantes poderia ter maior legitimidade e ser mais capaz de promover a cooperação internacional.

Talvez seja um pensamento muito fora dos padrões da diplomacia convencional. Mas também foi o que ocorreu com Tribunal Penal Internacional, antes que se tornasse realidade. Estamos aprendendo, mesmo que lentamente. Podemos aprender mais rápido se mantivermos em mente as palavras do filósofo francês conhecido como Alain: "Toda mudança parece impossível, mas uma vez realizada, é o estado em que já não estamos mais que parece impossível".

Em sua manifestação de 1776, Tom Paine escreveu: "a causa da América é, em grande parte, a causa de toda a humanidade". Não mais. A causa da gente boa deste mundo terá de ser, em grande parte, a causa de nos salvar de nós mesmos.[66]

REFERÊNCIAS

Referências no texto

Abbey, E. 1991. *The journey home: Some words in defense of the American West*. New York: Plume.

Alinsky, S. 1969. *Reveille for radicals*. New York: Random House. Alinsky, S. 1971. *Rules for radicals*. New York: Vintage Books.

American Psychological Association. 2004, February 23. Television advertising leads to unhealthy habits in children, says APA Task Force: Research says that children are unable to critically interpret advertising messages. www.apa.org/news/press/ releases/2004/02/children-ads.aspx

Annan, K. 2013, November 25. Climate crisis: Who will act? *New York Times*. www.nytimes.com/2013/11/25/opinion/climate- crisis-who-will-act.html?

Austen, I. 2011, December 12. Canada announces exit from Kyoto climate treaty. *New York Times*. www.nytimes.com/2011/12/13/ science/earth/canada-leaving-kyoto-protocol-on-climate- change.html

Bennis, W. 1989. *On becoming a leader*. New York: Basic Books.

Bernasek, A. 2014, March 8. For nonprofits, a bigger share of the economy. *New York Times*. www.nytimes.com/2014/03/09/business/for-nonprofits-a-bigger--share-of-the-economy.html

Bigioni, P. 2005, November 27. Fascism then. Fascism now? *Toronto Star*. www.informationclearinghouse.info/article11155.htm

Bigioni, P. 2006, October 29. Power to the people (in suits). *Toronto Star*. www.policyalternatives.ca/publications/monitor/ december-2006-power-people--suits

Block, P. 2008. *Community: The structure of belonging*. San Francisco: Berrett-Koehler.

Bollier, D., and J. Rowe. 2011, March 30. The "illth" of nations. *Boston Review*. www.bostonreview.net/jonathan-rowe-davidbollier-economy-commons

Bowley, G. 2013, May 2. The corporate tax game. *New York Times*. www.nytimes.com/2013/05/03/business/shaky-agreements-overfixing-the-corporate-tax-system.html?

Brooks, D. 2010, September 13. The day after tomorrow. *New York Times*. www.nytimes.com/2010/09/14/opinion/14brooks.html

Brooks, D. 2011a, April 25. The big disconnect. *New York Times*. www.nytimes.com/2011/04/26/opinion/26brooks.html

Brooks, D. 2011b, September 26. The lost decade. *New York Times*. www.nytimes.com/2011/09/27/opinion/brooks-the-lost- decade.html

Brooks, D. 2011c, May 9. The missing fifth. *New York Times*. www.nytimes.com/2011/05/10/opinion/10brooks.html

Brooks, D. 2011d, November 21. The two moons. *New York Times*. www.nytimes.com/2011/11/22/opinion/brooks-the-two- moons.html

Brooks, D. 2011e, June 16. Who is James Johnson? *New York Times*. www.nytimes.com/2011/06/17/opinion/17brooks.html

Brooks, D. 2011f, December 5. The wonky liberal. *New York Times*. www.nytimes.com/2011/12/06/opinion/brooks-the-wonky- liberal.html

Brooks, D. 2013a, January 21. The collective turn. *New York Times*. www.nytimes.com/2013/01/22/opinion/brooks-the-collective- turn.html

Brooks, D. 2013b, December 3. The stem and the flower. *New York Times*. www.nytimes.com/2013/12/03/opinion/brooks-the- stem-and-the-flower.html

Brooks, D. 2014a, May 19. The big debate. *New York Times*. www.nytimes.com/2014/05/20/opinion/brooks-the-big-debate.html

Brooks, D. 2014b, April 28. Saving the system. *New York Times*. www.nytimes.com/2014/04/29/opinion/when-wolves-attack.html

Bruce, H. 2012, December 5. Protecting the ozone: 25 years of the Montreal Protocol. *YES! Magazine*. www.yesmagazine.org/ issues/what-would-nature-do/protecting-the-ozone-25-years-of-the-montreal-protocol

Carey, J., and A. Barrett. 2001, December 10. Drug prices: What's fair? *Businessweek*. www.businessweek.com/stories/2001-12-09/ drug-prices-whats-fair

Chang, H.-J. 2002. *Kicking away the ladder: Development strategy in historical perspective*. London: Anthem Press.

Chomsky, N. 2006. *Failed states: The abuse of power and the assault on democracy*. New York: Metropolitan.

Cohen, R. 2011, July 12. In defense of Murdoch. *New York Times*. www.nytimes.com/2011/07/12/opinion/12iht-edcohen12.html? ref=rogercohen

Collins, C. 2012. *99 to 1: How wealth inequality is wrecking the world and what we can do about it*. San Francisco: Berrett-Koehler.

Collins, L. 2009. The truth about Tytler. www.lorencollins.net/ tytler.html

Davis, K., C. Schoen, & K. Stremikis. 2010. *Mirror, mirror on the wall: How the performance of the U.S. health care system compares internationally, 2010 update*. New York: Commonwealth Fund.

de Tocqueville, A. 1840/2003. *Democracy in America*. New York. Penguin Classics.

Dittmann, M. 2004, June. Protecting children from advertising. *American Psychological Association Task Force*, 35, no. 6. www.apa.org/monitor/jun04/protecting.aspx

Drawbaugh, K., and P. Temple-West. 2014, February 25. Many big U.S. corporations pay very little in taxes: Study. www.reuters.com/article/2014/02/26/us-usa-tax-corporate-idUSBREA1P04Q 20140226

Economist, The. 2013. *Pocket world in figures—2012 edition*. New York: Author.

Editorial Board. 2013, November 2. States take on privacy. *New York Times*. www.nytimes.com/2013/11/03/opinion/sunday/states-take-on-privacy.html

Editorial Board. 2013, November 17. The shame of U.S. health care. *New York Times*. www.nytimes.com/2013/11/18/opinion/the-shame-of-american-health-care.html?

Editorial Board. 2013, December 17. Big Tobacco bullies. *New York Times*. www.nytimes.com/2013/12/16/opinion/big-tobacco-bullies.html?

Eddy, M. 2014, May 26. Amazon strategy raises hackles in Germany. *New York Times*. www.nytimes.com/2014/05/27/business/international/amazon-strategy-raises-hackles-in-germany.html

Edwards, M. 2004. *Civil society*. New York: Polity.

Egan, T. 2013, June 20. Checking out. *New York Times*. http://opinionator.blogs.nytimes.com/2013/06/20/checking-out/?

Eliot, T. S. 1944. Little Gidding. In *Four Quartets*. New York: Harcourt.

Follett, M. P., and G. Pauline. 1995. *Mary Parker Follett—Prophet of management: A celebration of writings from the 1920s*. Boston: Harvard Business School Press.

Freeland, C. 2011, May 5. U.S. needs to cash in on Bin Ladin. *New York Times*. www.nytimes.com/2011/05/06/us/06iht-letter06.html

Freeland, C. 2012, July 5. Even centrists have self-interests. *New York Times*. www.nytimes.com/2012/07/06/us/06iht-letter06.html

Freeland, C. 2013a, March 21. Paychecks tell a tale of unfairness. *New York Times*. www.nytimes.com/2013/03/22/us/22iht-letter22.html?

Freeland, C. 2013b, November 1. Plutocrats vs. populists. *New York Times*. www.nytimes.com/2013/11/03/opinion/sunday/plutocratsvs-populists.html.

Friedman, M. 1962. *Capitalism and freedom*. Chicago: University of Chicago Press.

Friedman, T. 2009, February 25. Paging Uncle Sam. *New York Times*. www.nytimes.com/2009/02/25/opinion/25friedman.htmal?

Friedman, T. 2012, June 9. Facebook meets bricks-and-mortar politics. *New York Times*. www.nytimes.com/2012/06/10/opinion/sunday/friedman-facebook-meets-brick-and-mortar-politics.html?

Fukuyama, F. 1989. The end of history? *The National Interest,* Summer: 3–18.

Fukuyama, F. 1992. *The end of history and the last man*. New York: Free Press.

Fukuyama, F. 2014, June 6. At the "end of history" still stands democracy. *Wall Street Journal*. online.wsj.com/articles/at-the-end-of-history-still-stands-democracy-1402080661

Garrigues, L. G. 2009, Dec 15. Why is Costa Rica smiling? This Central American country tops the Happy Planet Index. *YES! Magazine*. www.yesmagazine.org/issues/climate-action/why-iscosta-rica-smiling

Giridharadas, A. 2011, September 9. Some of Sarah Palin's ideas cross the political divide. *New York Times*. www.nytimes.com/ 2011/09/10/us/10iht-currents10.html

Giridharadas, A. 2013, September 22. Draining the life from "community." *New York Times*. www.nytimes.com/2013/09/21/us/ draining-the-life-from-community.html

Giridharadas, A. 2014, September 1. From afar, the United States seems at odds with its ideals. *New York Times*. www.nytimes.com/2014/09/02/us/from-afar--the-united-states-seems-at-odds- with-its-ideals.html

Greenpeace. History of Greenpeace. www.greenpeace.org/canada/ en/about--us/history/

Grossman, Z. 2012. From Wounded Knee to Libya: A century of U.S. military interventions. http://academic.evergreen.edu/g/ grossmaz/interventions.html

Guardian, The. 2013, December 3. Pisa 2012 results: Which country does best at reading, math and science? www.theguardian.com/ news/datablog/2013/dec/03/pisa-results-country-best-readingmaths-science

Gutierrez, J. A. 1998. *The making of a Chicano militant: Lessons from Cristal*. Madison: University of Wisconsin Press.

Hadjian, A. 2014, February 26. Ukrainian oligarchs stay above the fray and let the crisis play out. *New York Times*. www.ibtimes.com/ ukrainian-oligarchs-stay-above-fray-let-crisis-play-out-1558121

Hakim, D. 2013, October 8. European officials consulted business leaders on trade pact. *New York Times*. www.nytimes.com/2013/10/09/business/international/european-officialsconsulted-business-leaders-on-trade-pact-with-us.html

Hakim, D., and E. Lipton. 2013, September 12. U.S.-European trade talks inch ahead amid flurry of corporate wish lists. *New York Times*. www.nytimes.com/2013/09/13/world/europe/corporatespin-already-on-us-europe-trade--talks.html

Hakim, D., and M. Zurawik. 2013, November 1. In coal belt, Poles spurn Europe on clean energy. *New York Times*. www.nytimes.com/2013/11/01/business/energy-environment/poland-weddedto-coal-spurns-europe-on-clean-energy.html

Hardin, G. 1968. The tragedy of the commons. *Science,* 162: 1243-1248.

Harris, A. 2013. Goldman Sachs aluminum antitrust suits shipped to NYC. Bloomberg. www.bloomberg.com/news/2013-12-16/ goldman-sachs-aluminum-antitrust-suits-shipped-to-nyc.html3

Harris, A., and M. Cronin Fisk. 2013, August 7. JPMorgan sued with Goldman in aluminum antitrust case. 7. www.bloomberg.com/ news/2013-08-07/jpmorgan-sued-with-goldman-in-aluminum-antitrust-case.html

Hawken, P. 2007. *Blessed unrest: How the largest movement in the world came into being, and why no one saw it coming.* New York: Viking Penguin.

Hayek, F. 1944. *The road to serfdom.* Cambridge: Cambridge University Press.

Herzlinger, R. E. 2006. Why innovation in health care is so hard.

Harvard Business Review, 84, no. 5: 58-66.

Herzlinger, R. E. 2007. *Who killed healthcare?* New York: McGraw-Hill.

Higgins, A. 2012, November 14. Lessons for U.S. from a floodprone land. *New York Times.* www.ctdebate.org/PDFs/CDAPacketJan13.pdf

Hitchens, C. 1998, August. Bitter medicine. *Vanity Fair.*

Jensen, M. C., and W.H. Meckling. 1994. The nature of man. *Journal of Applied Corporate Finance*, 7, no. 2: 4–19 (revised July 1997).

Kania, J., and M. Kramer. 2011. Collective impact. *Stanford Social Innovation Review.* www.ssireview.org/images/articles/2011_WI_Feature_Kania.pdf

Kanter, J. 2009, December 20. An air of frustration for Europe at climate talks. *New York Times.* www.nytimes.com/2009/12/21/ world/europe/21scene.html

Kanter, J. 2013a, September 30. Regulations may be snag in U.S.-Europe trade Talks. *New York Times.* www.nytimes.com/2013/10/01/ business/international/regulations-seen-as-snag-in-us-europetrade-talks.html

Kanter, J. 2013b, October 11. European trade chief proposes trans-Atlantic working group. *New York Times.* www.nytimes.com/2013/10/11/business/international/eu-trade-chief-proposestrans-atlantic-working-group.html

Kaplan, R. S., and D. P. Norton. 1992.The balanced scorecard: Mea- sures that drive performance. www.hbs.edu/faculty/Publication%20Files/10-074.pdf

Kay, J. A. 2003. *The truth about markets: Their genius, their limits, their follies.* Westport, CT: Allen Lane.

Kelly, M. 2001. *The divine right of capital: Dethroning the corporate aristocracy.* San Francisco: Berrett-Koehler.

Klaus, V. 2008. *Blue planet in green shackles: What is endangered: Climate or freedom?* Washington, D.C.: Competitive Enterprise Institute.

Klein, N. 2004, January 8. The year of the fake. *The Nation.* www.thenation.com/article/year-fake#

Kocieniewski, D. 2011a, March 24. G.E.'s strategies let it avoid taxes altogether. *New York Times.* www.nytimes.com/2011/03/25/ business/economy/25tax.html?

Kocieniewski, D. 2011b, August 31. Where pay for chiefs outstrips U.S. taxes. *New York Times.* www.nytimes.com/2011/08/31/ business/where-pay-for--chief-executives-tops-the-company- tax-burden.html

Kocieniewski, D. 2013a, July 22. Moving piles of aluminum is a bonanza for Wall St. *International Herald Tribune*. (Also: A shuffle of aluminum, but to banks, pure gold, *New York Times,* July 20, 2013, www.nytimes.com/2013/07/21/business/a-shuffle- of-aluminum-but-to-banks-pure-gold.html)

Kocieniewski, D. 2013b, August 12. U.S. subpoenas Goldman in inquiry of aluminum warehouse. *New York Times*. www.nytimes.com/2013/08/13/business/us-subpoenas-goldman-in-inquiry- of-aluminum-warehouses.html

Korten, D. C. 1995. *When corporations rule the world*. West Hartford, CT: Kumarian; San Francisco: Berrett-Koehler.

Krugman, P. 2000, March 6. Unleashing the millennium: After 100 years of trial and error—and some mighty dark days during the '30s and '70s—economic man is free at last. *Fortune*.

Krugman, P. 2013, November 11. The plot against France. *New York Times*. www.nytimes.com/2013/11/11/opinion/krugman- the-plot-against-france.html

Kupchan, C.A. 2012, April 7.America's place in the new world. *New York Times*. www.nytimes.com/2012/04/08/opinion/sunday/ americas-place-in-the-new--world.html?

Lacey, M. 2011, October 19. Got a gripe? Welcome to the cause. *International Herald Tribune*.

Lattman, P., and B. Protess. 2013, October 30. Prosecutor moves from anonymity to scourge of banks. *New York Times*. http://dealbook.nytimes.com/2013/10/30/from-anonymity-to- scourge-of-wall-street/

Levitt, T. 1968. Why business always loses. *Harvard Business Review*, 46, no. 2: 81-89.

Lipton, E., and D. Hakim. 2013, October 19. U.S. *lobby*ists find fortune in Brussels. *New York Times*. www.nytimes.com/2013/10/ 19/world/europe/*lobby*ing--bonanza-as-firms-try-to-influence- european-union.html

Macdonald, D., and A. Jackson. *What did corporate tax cuts deliver? Background report for Corporate Tax Freedom Day 2012*. www.canadianlabour.ca/*site*s/default/files/what-did-corporate-taxcuts-deliver-2012-01-12-en.pdf

Macguire, E. 2012, July 11. "Hidden" airline charges: Dirty tricks or customer choice? CNN. edition.cnn.com/2012/07/10/travel/ airline-charges/index.html

March, J. G. 1991. Exploration and exploitation in organizational learning. *Organization Science,* 2, no. 1: 71-87.

Marche, S. 2012, May. Is Facebook making us lonely? *The Atlantic*. www.theatlantic.com/magazine/archive/2012/05/is-facebookmaking-us-lonely/308930/

Marshall, G., et al. 2011. *The road from empire to eco-democracy*. N.p.: iUniverse.

Milanovic, B. 2011. The London riots and the triumph of neoliberalism. *HBR Blog Network*. http://blogs.hbr.org/cs/2011/08/ the_london_riots_and_the_trium.html

Mintzberg, H. 1982. A note on that dirty word "efficiency." *Interfaces*, 12, no. 5: 101-105. (Also in *Mintzberg on Management: Inside Our Strange World of Organizations*, pp. 330–333. New York: Free Press, 1989.)

Mintzberg, H. 2006. Patent nonsense: Evidence tells of an industry out of social control. *Canadian Medical Association Journal*, 175, no. 4: 374. (Complete version available at www.cmaj.ca/ content/175/4/374.full.pdf+html.)

Mintzberg, H. 2006. Developing leaders? Developing countries? *Development in Practice*, 16, no. 1: 4-14. (Also appeared in *Oxford Leadership Journal*, 1, no. 2, 2010.)

Mintzberg, H. 2013. Rebuilding American enterprise. Available at mintzberg.org/enterprise

Mintzberg, H., and G. Azevedo. 2012. Fostering "Why not?" social initiatives—beyond business and governments. *Development in Practice, 22*(7), 895–908.

Monbiot, G. 2013, November 4. This transatlantic trade deal is a full-frontal assault on democracy. *The Guardian*. www.theguardian.com/commentisfree/2013/nov/04/us-trade-deal- full-frontal-assault-on-democracy

Mydans, S. 2009, May 6. Recalculating happiness in a Himalayan kingdom. *Thimphu Journal*. www.nytimes.com/2009/05/07/world/ asia/07bhutan.html?

Nace, T. 2003. *Gangs of America: The rise of corporate power and the disabling of democracy*. San Francisco: Berrett-Koehler.

Nader, R. 1965. *Unsafe at any speed*. New York: Grossman.

Neamtam, N. 2005, July–August. The social economy: Finding a way between the market and the state. *Policy Options*. www.ssc.wisc.edu/~wright/ERU_files/Neamtan2005_PolicyOptions.pdf

New York Times Editorial. 2013, August 31. The hazard of freetrade tobacco. *New York Times*. www.nytimes.com/2013/09/01/opinion/sunday/the-hazard--of-free-trade-tobacco.html

New York Times Editorial. 2013, September 1. Chasing JPMorgan Chase. *New York Times*. www.nytimes.com/2013/09/02/opinion/ chasing-jpmorgan-chase.html

Organisation for Economic Co-operation and Development. 2010. A family affair: Social mobility across OECD countries. In *Economic Policy Reforms: Going for Growth* (Chapter 5). Paris: Author. www.oecd.org/tax/public-finance/chapter%205%20gfg%202010.pdf Ostrom, E. 1990. *Governing the commons: The evolution of institutions for collective action*. Cambridge: Cambridge University Press.

Ostrom, E., J. Burger, C. B. Field, R. B. Norgaard, and D. Policansky. 1999. Revisiting the commons: Local lessons, global challenges. *Science*, 284, no. 5412: 278.

Paine, T. 1776/1995. *Common sense*. New York: Prometheus Books.

Parra-Bernal, G. 2012, June 12. Lowest Brazil rates unlikely to jump-start Bovespa. http://uk.reuters.com/article/2012/06/12/uk-earnings-brazil-rates-i-dUKBRE85B0X020120612

Polanyi, K. 1944. *The great transformation: The political and economic origins of our time*. New York: Beacon.

Pollack, A. 2011, July 29. Ruling upholds gene patent in cancer test. *New York Times*. www.nytimes.com/2011/07/30/business/ gene-patent-in-cancer-test-upheld-by-appeals-panel.html

Porter, M. E., and E. O. Teisberg. 2004. Redefining competition in health care. *Harvard Business Review*, 82, no. 6: 65-76.

Porter, M. E., and E. O. Teisberg. 2006. *Redefining health care: Creating value--based competition on results*. Watertown, MA: Harvard Business Press.

Protess, B., and P. Lattman. 2013, November 6. Case proves firms are not "too big to jail." *New York Times*. http://dealbook.nytimes.com/2013/11/04/after-a--decade-sac-capital-blinks/

Protess, B., and J. Silver-Greenberg. 2013, October 25. JPMorgan is a target in Madoff inquiry. *New York Times*. http://dealbook.nytimes.com/2013/10/23/madoff-action-seen-as-possible-for-jpmorgan/

      Putnam, R. D. 1995. Bowling alone: America's declining social capital. *Journal of Democracy*, 6, no. 1: 65-78.

Putnam, R. D. 2000. *Bowling alone: The collapse and revival of American community*. New York: Simon & Schuster.

Putnam, R. D. 2013, August 3. Crumbling American dreams. *New York Times*. opinionator.blogs.nytimes.com/2013/08/03/ crumbling-american-dreams/

Rattner, S. 2013, May 23. The corporate tax dodge. *New York Times*. opinionator.blogs.nytimes.com/2013/05/23/the-corporate- tax-dodge/

Reed, S. 2013, December 17. Global coal use rising, despite climate fears. *International New York Times*. www.elp.com/news/ 2013/12/17/global-coal-use-rising-despite-climate-fears.html

Reich, R. B. 2011. *Aftershock: The next economy and America's future*. New York: Vintage Books.

Robinson, W. I. 2011, January–February. The global capital leviathan. *Radical Philosophy*, 165. www.radicalphilosophy.com/ commentary/the-global-capital--leviathan

Rowe, J. 2008. *The parallel economy of the commons*. jonathanrowe.org/the--parallel-economy-of-the-commons

Rowland, W. 2013, June 17. Saving the CBC: Balancing profit and public service. http://fullcomment.nationalpost.com/2013/06/17/ wade-rowland-a-better-model-for-the-cbc/

Sachs, J. 2011, April 30. The global economy's corporate crime wave. *Project Syndicate*. www.project-syndicate.org/commentary/ the-global-economy-s-corporate-crime-wave

Shane, S. 2012, October 22. A rule for U.S. politicians: "We're No. 1!" Political culture leaves little place for candidates who highlight problems. *International Herald Tribune*. http://iht.newspaperdirect.com/epaper/viewer.aspx

Sharma, R. 2012, May–June. Bearish on Brazil: The commodity slowdown and the end of the magic moment. *Foreign Affairs*.

Sibley, A. 2006, February. *Knights of the productivity grail*. http:// equilibrium-economicum.net/productivity.htm

Smith, A. 1776. *An inquiry into the nature and causes of the wealth of nations*. State College, PA: Penn State Electronic Classics.

Solzhenitsyn, A. 1978, June 10. Solzhenitsyn at Harvard: Why the West has lost its spirit. *Montreal Star News and Review*, B1.

Sorkin, A. R. 2013, November 13. Profit motive could spur philanthropy. *New York Times*. http://dealbook.nytimes.com/2013/11/11/ plan-to-finance-philanthropy-shows-the-power-of-a-simplequestion/?

Soros, G. 2004. *The bubble of American supremacy: The costs of Bush's war in Iraq*. New York: Perseus Books.

Stewart, J. B. 2013, November 6. SAC: A textbook case of corporate prosecution. *New York Times*. http://dealbook.nytimes.com/2013/11/04/sac-a-textbook-case-of-corporate-prosecution/

Stiglitz, J. E. 2011, May. Of the 1%, by the 1%, for the 1%. *Vanity Fair*.

Swift, J. 1999. *Civil society in question*. Toronto: Between the Lines.

Tavernise, S. 2013, December 13. Big Tobacco steps up its barrage of litigation. *International New York Times*.

Tytler, A. F. N.d. Lecture on why democracies fail (unverified).

Vossoughi, S. 2011. Is the social sector thinking small enough? *Harvard Business Review*, 89, no. 12.

Wallach, L., and M. Sforza. 1999. *The WTO: Five years of reasons to resist corporate globalization*. New York: Seven Stories Press.

World Economic Forum. 2006, January 28. *Global business—Saviour or scapegoat?* www.weforum.org/sessions/summary/ global-business-saviour-or-s-capegoat

Zaleznik, A. 1977. Managers and leaders: Are they different? *Harvard Business Review*, 55, no. 3, 67–78.

Referências para as publicações do autor relacionadas a partes do texto

SOBRE TER O GOVERNO QUE MERECEMOS

Mintzberg, H. 2010, November 17. Getting the government we deserve, *Huffington Post*. www.huffingtonpost.com/henry-mintzberg/ getting-the-government-e_1_b_784781.html.

SOBRE A INDÚSTRIA FARMACÊUTICA

Mintzberg, H. 2006. Patent nonsense: Evidence tells of an industry out of social control. *Canadian Medical Association Journal*, 175, no. 4: 374. Complete version available at www.cmaj.ca/ content/175/4/374.full.pdf+html.)

SOBRE ORGANIZAÇÕES DO SETOR PLURAL

Mintzberg, H., R. Molz, E. Raufflet, P. Sloan, C. Abdallah, R. Bercuvitz, and C. H. Tzeng. 2005. The invisible world of association. *Leader to Leader*, 2005, no. 36: 37. www.hesselbeininstitute.org/ knowledgecenter/journal.aspx?ArticleID=36

SOBRE COMUNITARIEDADE E LIDERANÇA

Mintzberg, H. 2006. The leadership debate with Henry Mintzberg: Community-ship is the answer. *FT.com*. www.ft.com/intl/cms/s/2/ c917c904-6041-11db-a716-0000779e2340,dwp_uuid=8d70957c-6288-11db-8faa-0000779e2340.html#axzz1nL67BT00

Mintzberg, H. 2009. Rebuilding companies as communities. *Harvard Business Review*, 87, no. 7. hbr.org/2009/07/rebuildingcompanies-as-communities/ar/1

SOBRE GESTÃO

Mintzberg, H. 2013. *Simply managing*. San Francisco: Berrett-Koehler and Pearson.

SOBRE MENSURAÇÃO E EFICIÊNCIA

Mintzberg, H. 1982. A note on that dirty word "efficiency." *Interfaces*, 12, no. 5: 101–105. (Also in *Mintzberg on management: Inside our strange world of organizations*, pp. 330–333. New York: Free Press, 1989.)

Mintzberg, H. 2009. The soft underbelly of hard data. In *Managing*, pp. 176–179. San Francisco: Berrett-Koehler.

SOBRE RESPONSABILIDADE SOCIAL CORPORATIVA E A PALAVRA DA LEI

Mintzberg, H. 1983. The case for corporate social responsibility. *Journal of Business Strategy*, 4, no. 2.

Mintzberg, H. 1984. Who should control the corporation? *California Management Review*, 27, no. 1: 90.

Mintzberg, H. 1989. *Mintzberg on management: Inside our strange world of organizations*. Chapters 28, 30, 31. New York: Free Press.

SOBRE INICIATIVAS SOCIAIS

Mintzberg, H., and G. Azevedo. 2012. Fostering "Why not?" social initiatives—Beyond business and governments. *Development in Practice*, 22, no. 7, 895–908. https://www.mcgill.ca/channels/ sites/mcgill.ca.channels/files/channels/attach/27_mintzberg_ henry_-_fostering_why_not.pdf

SOBRE A ESTRATÉGIA COMO UM APRENDIZADO EMERGENTE

Mintzberg, H. 1987. Crafting strategy. *Harvard Business Review*, 65, no.: 66–75. www.hbr.org/search/87407&legacy=true?id=87407

Mintzberg, H. 1994. *The rise and fall of strategic planning*. New York: Free Press.

Mintzberg, H. 2007. *Tracking strategies: Towards a general theory of strategy formation*. Oxford: Oxford University Press.

Mintzberg, H. 2012, August. The lost years? Or finding Japan? *Diamond Harvard Business Review*. (In Japanese; available in English at www.mintzberg.org/sites/default/files/Lost_Years_ or_Finding_Japan.pdf.)

Mintzberg, H., B. Ahlstrand, and J. Lampel. 2009. *Strategy safari*. 2nd ed. London: Prentice Hall International.

Mintzberg, H., and J. A. Waters. 1985. Of strategies, deliberate and emergent. *Strategic Management Journal*, 6, no. 3: 257-272.

SOBRE PRODUTIVIDADE

Mintzberg, H. 2007. Productivity is killing American enterprise. *Harvard Business Review*, 85, no. 7: 25. www.hbr.org/2007/07/ productivity-is-killing--american-enterprise/ar/1

Mintzberg, H. 2011. How the enterprises trashed the economy. *Economist Online*. www.economist.com/blogs/freeexchange/2010/12/ management. See also www.mintzberg.org/enterprise

SOBRE O MBA

The Economist. 2012. Business education: Would the economy be better off without MBA students? A debate between Henry Mintzberg and Paul Danos. *Economist Debates*. www.economist.com/debate/overview/241

Mintzberg, H. 2004. *Managers not MBAs: A hard look at the soft practice of managing and management development*. San Francisco: Berrett-Koehler.

SOBRE O DESENVOLVIMENTO DE GESTORES

Mintzberg, H. 2011. From management development to organization development with IM*pact*. *OD Practitioner*, 43, no. 3.

Mintzberg, H. 2011, February. Looking forward to development. Training & Development.

Mintzberg, H. 2012. Developing naturally: From management to organization to society to selves. In *The handbook for teaching leadership*, ed. S. Snook, N. Nohria, and R. Khurana. Thousand Oaks, CA: Sage.

Quanto a programas que criamos para permitir que os gerentes aprendam a partir de sua própria experiência, por favor veja www.impm.org. (mestrado de gerenciamento na prática), www.imhl.info (para gestores na área de saúde), e www.CoachingOurselves.com (no local de trabalho).

SOBRE O BOTÃO DESLIGADO

Mintzberg, H., & Todd, P. 2012. The offline executive. *Strategy+Business*, Winter, no. 69.

SOBRE A NOVA GESTÃO PÚBLICA

Mintzberg, H. 1996. [segment already translated...source not re-sent] *Harvard Business Review*, 74, no. 3: 75. http://hbr.org/ search/96306&legacy=-true?id=96306

SOBRE PLANEJAMENTO ESTRATÉGICO

Mintzberg, H. 1994. *The rise and fall of strategic planning*. New York: Simon & Schuster.

SOBRE MODELOS DE DESENVOLVIMENTO ECONÔMICO

Mintzberg, H. 2006. Developing leaders? Developing countries? *Development in Practice*, 16, no. 1: 4-14. (Also appeared in *Oxford Leadership Journal*, 1, no. 2, 2010.)

SOBRE A PERSPECTIVA CANADENSE DE QUESTÕES MUNDIAIS

Canadians on Balance—uma coletânea com Yvan Allaire e Mihaela Firsirotu (em andamento).

SOBRE A GESTÃO DA SAÚDE

Glouberman, S., and H. Mintzberg. 2001. Managing the care of health and the cure of disease. Part I: Differentiation & Part II: Integration. *Health Care Management Review*, 26, no. 1: 56-84. Mintzberg, H. 2012. Managing the myths of health care. *World Hospitals and Health Services*, 48, no. 3.

Mintzberg, H. (forthcoming monograph). *Managing the myths of health care*.

SOBRE A GESTÃO COMO O PROBLEMA DA ECONOMIA DOS EUA

Mintzberg, H. 2011a. How the enterprises trashed the economy. *Economist Online*. www.economist.com/blogs/freeexchange/2010/12/ management.

Mintzberg, H. 2011b. Who will fix the U.S. economy? *Project Syndicate*. www.project-syndicate.org/commentary/mintzberg3/English Mintzberg, H. 2013. *Rebuilding American enterprise*. www.mintzberg.org/enterprise

PARA UMA RESPOSTA RECENTE À REVISITAÇÃO DE FUKUYAMA DO SEU "FIM DA HISTÓRIA"

Mintzberg, H. 2014, July 11. The end of thinking? *World Post*, www.huffingtonpost.com/henry-mintzberg/the-end-of-thinking_b_5575017.html?utm_hp_ref=world&ir+WorldPost

PARA ANTECEDENTES A ESTE LIVRO

Mintzberg, H. 1992. Learning in (and from) Eastern Europe. *Scandinavian Journal of Management*, 8, no. 4: 335-338.

Mintzberg, H. 1996. [segment already translated...source not re-sent] *Harvard Business Review*, 74, no. 3: 75.

Mintzberg, H. 2002. The economist who never came back. *Scandinavian Journal of Management*, 18, no. 4: 616-618.

Uma lista completa das publicações do autor (em inglês) encontra-se em www.mintzberg.org/articles e /books

PARA FONTES DAS ESTATÍSTICAS DOS EUA REFERENCIADAS NO APÊNDICE

www.mintzberg.org/*site*s/default/files/rebalancing_society_ pamphlet.pdf.

ÍNDICE

Abbey, Edward Paul, 99
Acordos comerciais, 32-34, 90-91, 179n8
Adams, John, 81
Aids
    medicamentos para 108, 109
    no Brasil, 108-109, 110
Air Canada, 72-73
Alain (filósofo francês), 142
Alemanha, 25, 106, 186n44
    fascismo na, 73-74, 141-142
    nazismo na, 73-74, 103-104
    mobilidade social na, 76-77
Alimentos geneticamente modificados, 135
Alinsky, Saul, 90
Annan, Kofi, 87, 116
Aprendizado social para o curso de Impacto Social, 185n41
Aquecimento global, 27, 83, 87, 116, 126-127
    movimentos em, 87, 116
    conferências internacionais sobre, 179n6, 184n34, 185n39
    necessidade de reversão imediata de, 88
Argentina, 134
Associações
    natureza igualitária das, 65
    no comunismo, 67-68, 182n26
    no setor plural, 53, 56-58, 64-71
    profissionais, 57
    queda e ascensão das, 67-71
    Tocqueville sobre, 55-56, 68, 182n25
Associações sem fins lucrativos, 11, 17, 60, 71
    crescimento recente das, 71
    investimentos financeiros das, n23
    profissionalização das, 182n22
Atitude "por que não", 107-112
    no Brasil, 107-110
    nos Estados Unidos, 110-112
Azevedo, Gui, 94, 108, 110

Banco Mundial, 108, 110, 134, 196n52
Barões usurpadores, 18
Berlusconi, Silvio, 129
Bierce, Ambrose, 35
Bigioni, Paul, 141-142

Blessed Unrest (Hawken), 93
Boeing, 27
Boston Common, 63
Brasil, 101, 187n47
    atitude "por que não" no, 107-110
    Copa do Mundo no, 187n48
    corrupção no, 50, 107-108
    crescimento econômico no, 187-188n49
    protestos no, 50
Brooks, David, 104,
Buffet, Warren, 191n58
Bush, George W., 49
Butão, felicidade nacional bruta, 186n45

Canadá, 25, 31, 51
    alimentos geneticamente modificados no, 134
    eleições federais no, 129
    hospitais no, 57
    influência do setor privado sobre legislação no, 32
    mobilidade social no, 76
    propaganda da Nokia, menosprezando a receita federal do, 135-137
Capacidade, exploração de, 38, 42-44
Capitalismo, 20, 25, 42-43, 47, 58
    comparado ao comunismo, 43, 47
    de Estado, 187n47
    democrático, 187n47
    fracasso do, 55
    predatório, 73, 103, 104, 105, 106
    propriedade privada no, 62
    setor privado no, 29, 103
    setor público no, 29, 67, 131
    tipos democrático e estatal de, 187n47
    uso do termo, 29
Carvão
    como colaborador do aquecimento global, 184n34
    divulgado como limpo, 127, 130
Chavez, Hugo, 101
China, 68, 104, 187n47
Churchill, Winston, 112
Cidadania, 64
Civilizações, fases de ascensão e queda de, 24
Clavell, James, 46

Clinton, Hillary, 180n13
Collins, C., 191-192n58
Comercialização, 130
　　como prostituição, 130-131, 190n54
Common Sense (Paine), 123
Complexo militar-industrial, 19
Comunidades, comparadas a redes, 70, 183n28
Comunismo, 20, 21, 43, 47
　　associações comunitárias no, 67, 182n26
　　comparado ao capitalismo, 43, 47
　　fracasso do, 55
　　no Leste Europeu, 20, 24, 73, 104
　　propriedade no, 62
　　setor privado no, 67
　　setor público no, 15, 20, 103, 131-132
Conciliação em conflitos, 44
Conflitos
　　impasse político em, 49
　　resolução de, 44-45
Conselho de Direitos Humanos da ONU, 109
Conselho de Segurança das Nações Unidas, 145
Conservadorismo simpático, 49
Constituição dos EUA, 18, 20, 78
Consumo, 40, 121, 126
Cooperativas, 56, 57, 58
Cooperativa do leite de Amul, 57
Cooperativa Mondragon, 57
Corporações
　　ascensão de, 17-19, 178n1
　　Bierce sobre, 35
　　como pessoas, 18, 86, 96, 127, 128
　　como propriedade dos acionistas, 61, 181n17
　　decisão da Suprema Corte sobre direitos das, 17-18, 127, 178n1
　　direitos de, 19-20, 50
　　doações políticas de, 26-27, 91-92n58
　　em cortes de arbitragem, 32-33
　　fraude e prevaricação de, 38
　　globalização de, 68-69
　　grandes demais para a cadeia ou para falir , 97, 185-186n42
　　impostos sobre, 26-27, 35, 50, 141, 191-192n58
　　má gestão de, 39
　　práticas comuns do setor de, 73

reforma das, 96, 185-186n42
resgates de, 38
responsabilidade social das, 184-183n33
violações de informações privilegiadas de, 185-186n42
Corrupção
    legal, 41, 51, 91-92, 96-97, 128, 138-139
    no Brasil, 50, 107-108
Cortes de arbitragem, 32-33, 91
Costa Rica, 187n47
Crescimento, índices de, 99
    no Butão, 186n45
    no Brasil, 187-188n49
Cruz Vermelha, 11, 12
Cursos online abertos para grupos, 185n41

Das Kapital (Marx), 180n14
Decisões da Suprema Corte sobre direitos de corporações, 17, 18, 127, 178n1
Declaração de Independência, 17-18
Democracia, 76
    corporações como pessoas na, 83, 96-97
    econômica, 138
    equilíbrio entre os setores na, 54
    Fukuyama sobre, 21
    liberal, 21, 102-104, 112, 192n66
    mobilidade social em, 76
    nos Estados Unidos, 15, 17
    tendências internacionais na, 100-106
    Tocqueville sobre, 17, 78, 192n59
    Tytler sobre, 83-84
Democracy in America in the 1830s (Tocqueville), 17, 180n14
Desastres, prevenção e alívio, abordagens para, 183n31
Desenvolvimento de energia sustentável, 94, 18539
Desenvolvimento econômico, modelos de, 185n38
Despotismo de Estado, 103, 104-105
Devil's Dictionary (Bierce),35
Direita, política, 46-49
    e política do pêndulo, 47-49, 52
Direito
    de corporações, 19-20, 50
    mercados de, 41, 77-78
Doações políticas
    por corporações, 26, 78, 139, 98, 191-192n58

reforma de, 97-98
Dominação em conflitos, 44, 48-49, 101
Doutrina Monroe, 192n63

Economia
    de mercado, 28-30, 179n7
    social, 58
Eisenhower, Dwight David, 19
Egito
    Irmandade Mulçumana no, 49, 51, 100, 103
    mídias sociais no, 70
    política do pêndulo no, 49
Eleições
    Colégio Eleitoral, 189n51
    despesas com campanha em, 132
    endossos de mídia em, 129
    pêndulo oscila entre direita e esquerda em, 48-49, 52
    sistema de colégio eleitoral, 189n51
Eliot, T. S., 43
Empreendedores, sociais, 62
Empresários, corporações como propriedade de, 61, 181n17
Endosso
    de candidatos pela mídia, 129
    de produtos, 130-132
    de produtos por celebridades, 130-131
Energia, sustentável,
    desenvolvimento de, 94, 185n39
Enxugamento, 39-40, 88-89, 116
Escandinávia, 106
Escravidão, 28
Espanha, cooperativa Mondragon na, 57
Esquerda, política, 47-48
    e políticas de pêndulo, 49-52, 106
Estados Unidos, 14
    alimentos geneticamente modificados nos, 135
    associações comunitárias nos, 67, 182n25
    atitude "por que não" nos, 111-112
    constituição dos, 16-18, 20, 78
    cooperativas nos, 57
    democracia nos, 76-78, 137-138
    em proteção à ordem mundial, 112, 193n64
    hospitais nos, 57-58

mobilidade social nos,76, 178n4
política do pêndulo nos, 48-49
políticas sobre impostos nos, 191n58
protestos nos, 50
Revolução Americana nos, 14-15, 82
saúde nos, 139, 192n60
setor plural nos, 57-58, 67
tendência ao desequilíbrio,15-20
Etanol no Brasil, 108
Exploração da capacidade, 38, 42-44
Exploração no capitalismo e comunismo, 43
    da população por empresas, 34
    de recursos, 37-42, 43
Externalidades, 39-42, 117-118

Facebook, 70, 183n29, 189-190n53
Fascismo, 73-74, 141-142
Felicidade nacional bruta no Butão, 186n45
Feudalismo, 43, 61, 181n17
O Fim da História? (Fukuyama), 20-21, 104, 140
Finlândia, sede da Nokia na, 135-136
Fleming, Alexander, 110
Follett, Mary Parker, 44, 49
Fortune (revista), 22
Fórum Econômico Mundial, 108, 190n56
Fórum Social Mundial, 108
França, 187n47
Francisco, Papa, 30
Franklin, Benjamin, 62-63
Friedman, Thomas, 70, 143
Fukuyama, Francis, 21, 22, 23, 104, 140
Fundo Monetário Internacional, 134

Ganância, 19, 20, 21
Gandhi, Mahatma, 89
General Electric, 27, 191-192n58
General Motors, 89
Gestão de grandes empresas, problemas em, 39
   de organizações do setor plural, 56, 182n22
   de serviços públicos como empresas, 92, 132-133
   e liderança, 182e24
Giridharadas, Anand, 188n50

Globalização, 30-31, 134-137
    e desenvolvimento econômico, 185n38
Goldman Sachs, 41, 91, 182n23, 190n56
Governing the Commons (Ostrom), 181-182n21
Governo. Ver Setor público
Grande Depressão, 18, 140
The Great Transformation (Polanyi), 180n14
Greenpeace, 57-59
Guerra Fria, 19, 21

Hardin, Garritt, 181n20
Harvard Business Review, 183n32
Harvard Business School, 190n54
Hayek, F., 180n14
Hawken, Paul, 93-94, 94-95
HBR Blog Network, 189n52
Hitler, Adolf, 142
Homem econômico, 19
Hospitais, 56, 57, 134
    fusões forçadas de, 68
    qualidade de serviços, 60

Igreja Católica, 182n26
Igualdade de proteção perante a lei para corporações, 18
Impasse
    político, 49
    social, 112
Imprensa, corporativa, 130
Índia, 57, 89, 186n44, 187n47
Individualismo, 25, 42, 106, 180n10
Informações privilegiadas, 185n40
Indústria do tabaco, 32-33
Indústria farmacêutica, 37, 62, 108-109, 131, 184-185n37
Infecção por HIV no Brasil, 108, 109-110
Iniciativas sociais, 55, 87, 93-96, 120
    comparadas a movimentos sociais, 56, 69-70
    em regeneração generalizada, 93-96
    necessidade de consolidação de, 94
Integração em conflitos, 44
Interesse próprio bem compreendido, Tocqueville sobre, 26 n5
International Herald Tribune, 52
Irã, 104

Iraque, 49
Irmandade Mulçumana, 49, 51, 100, 103
Itália, 129, 141
    fascismo na, 74, 141-142

Jefferson, Thomas, 17-18, 138
JPMorgan Chase, 190n56
Jornais, endosso político pelos, 130

Kay, John, 23
Kelly, Marjorie, 61
Keynes, John Maynard, 42
Kibbutzim, 57
Kocieniewski, David, 41
Krugman, Paul, 22, 188n49
Kupchan, Charles, 187n47

Legislação
    antitruste, 18, 141
    ditada pela riqueza, 181n18
    e a letra da lei, 85
    influência do setor privado sobre, 17
    sobre privacidade, 189n53
    social, oposição corporativa para, 183n32
Lehrer, Tom, 81
Lei da privacidade, *lobby* para a, 183n53
Lênin, 15
Leste Europeu, 28
    comunismo no, 20, 24, 73, 103-104
Letra da lei, 85
Liberdades de indivíduos e corporações, 15-18
Liderança, 64
    natureza individual de, 66
    e gerenciamento, 182n24
Lincoln, Abraham, 18, 138
LinkedIn, 70
Linux, 63
Lobby, 26, 33, 35, 91-97, 128, 136-137
    das armas, 51, 189n51
    despesas com, 191n58
    e corrupção legal, 41, 51, 85, 91, 97
    e legislação de privacidade, 189n53

propriedade de armas e, 51, 189n51
reforma de, 97-98, 189e43

"Mão invisível," 26
March, James G., 179n9
Marche, S., 183n29
Marx, Karl, 21, 180n14
Marxismo, 23
Mead, Margaret, 122
Medicamentos da Aids, 108-109
Medida de crescimento, 99
    no Brasil, 188e49
    no Butão, 186n45
Mercados
    competitivos, 41
    de direitos, 77-78
    de futuro, 98
Mídia, 130
Milanovic, Branko, 189n52
Mobilidade social, 76
Modelo inato de desenvolvimento econômico, 185n38
Monbiot, George, 32
Monopólios, 18
Movimento de Teologia da Libertação no Brasil, 108
Movimentos sociais, 11, 87, 93-99
    comparados a iniciativas sociais, 11, 70
    em regeneração generalizada, 93-99
Mudança climática. *Ver* Aquecimento global
Muro de Berlim, 20, 28

Nader, Ralph, 89
Napoleão, 143
National Interest (revista), 20
Natureza igualitária do setor plural, 65
New Deal, 18
New York Times, 139
    Coluna de Brooks no, 139, 178n4
    Comentário de Buffett no, 191n58
    sobre a indústria do tabaco, 32
    sobre JPMorgan Chase, 190n56
    sobre negociações do comércio internacional, 179n8
    sobre os protestos no Egito,

sobre Palin, 188n50
　　　sobre tipos de capitalismo democrático e estatal, 187n47
Nokia, 135-137
Nova gestão pública, 133
Novo Nordisk, 186n44

Obama, Barack, 186n43
Oferta e demanda, 41-42
Ollila, Jorma, 136
Ordens religiosas no setor plural, 56, 57
Organização Mundial da Saúde, 135
Organização Mundial do Comércio, 135, 191n57
Organização para Cooperação e Desenvolvimento Econômico, 76, 190n56
Organizações não governamentais, 33, 56, 57, 60, 89, 133
Oriente Médio, 12
　　　protestos, 12, 50-51
Ostrom, E., 181n21

Paine, Tom, 123, 145
Palin, Sarah, 188n50
Patentes, 62, 11n19, 184n37
Penicilina, 110, 184-185n37
Peru, 101
Pessoas, empresas como, 96
Plano Marshall, 143
Pluralismo liberal, 193n65
Poder,
　　　de corporações, 50
　　　do complexo militar-industrial, 19
　　　da elite privilegiada, 14
　　　equilíbrio entre os setores no, 11
　　　freios e contrapesos no, 15-16, 78
　　　no populismo, 74
Política do pêndulo, 48, 49, 52, 106
Política paralisada, 48-49
Políticas de imposto, 92, 191-192n58
　　　criticadas pelos funcionários do governo, 184n35
　　　e globalização de indústrias, 136-138
　　　na ascensão do fascismo, 142
　　　sobre corporações, 26-27, 35, 39, 141, 191-192n58
Políticas *laissez-faire*, 176, 179n7
Polanyi, Karl, 179n7, 180n14

Polônia
  associações comunitárias na, 182n26
  conferência sobre mudança climática realizada na, 184n34
Poluição, 115, 126, 84
População rica,
  leis redigidas pela, 61-62, 181n18
  taxas pagas pela, 92, 142, 181n18, 191n58
Populismo, 73, 74, 103-104
Prêmio Banco da Suécia de Ciências Econômicas, 22, 178n2
Prêmio Nobel, 22, 92, 178n2
Privatização de serviços públicos, 132
Processo de demissão no enxugamento, 39-40
Processo de mudança, 80-112
  limitações do setor privado no, 84-86, 183n32
  limitações do setor público no, 82-84, 183n30
  reformas consequentes em, 88, 96-99
  regeneração generalizada no, 87, 93-96
  responsabilidade pessoal por, 115
  reversões imediatas no, 87-93
  setor plural em, 87-99
Profissionalização do setor sem fins lucrativos, 182n22
Propagandas, 130
  da Air Canada, 72-73
  da Nokia, menosprezando a receita federal canadense, 135-136
  de carvão limpo, 127,130
  do Facebook, 189-190n53
  na rádio pública, 190n55
  na televisão, crianças assistindo, 73, 130-131
  políticas, 34, 98, 130, 139
Proposta do Conselho de Paz, 145
Propriedade
  comum, 62-63, 97, 182n20
  intelectual, 61-64, 97
  no capitalismo, 61
  no comunismo, 61
  no setor privado,
Prostituição, 132, 190n54
Protestos, 50-51, 55, 65
  de Londres, 189n52
  mídia social em, 70
Protocolo Montreal (1987), 27
Putnam, Robert, 67, 192n62

Rádio CBC, 132, 190n55
Reagan, Ronald, 27
Receita Federal do Canadá, 136-138
Reciclagem, 40
   de alumínio, 41, 91
Recursos
   exploração de, 38-42, 43
   humanos, 38
   seres humanos como, 38
Redes sociais, 70-71, 129
   comparadas a comunidades, 183n28
Reformas necessárias para uma renovação radical, 86, 96-99
Regeneração, generalizada, 87, 97-99
   de iniciativas e movimentos sociais, 93-96
Renovação radical, 80-113
   limitações do setor privado em, 84-86, 183n32
   limitações do setor público em, 82-83, 183n30
   movimentos do setor plural e iniciativas em, 87-99
   reformas consequentes em, 87, 96-99
   regeneração difundida em, 87, 93-96
   responsabilidade pessoal para, 115
   reversões imediatas em, 87, 88-93
Responsabilidade social corporativa, 84-86, 183-184n33
Reveille for Radicals (Alinsky), 90
Reversões imediatas necessárias, 87, 88-93
Revolução Americana, 14, 15-16, 78
A riqueza das nações (Smith), 180n14
Romney, Mitt, 191n58
Roosevelt, Franklin, 18
Rússia, 14, 42, 43, 101, 104

SAC Capital, 185n42
Salk, Jonas, 62
Seattle, Cacique, 42
Serviços de saúde, 60, 139, 180n13, 192n60
Setor de serviços financeiros, reforma do, 98
Setor econômico, 54f, 181n16. *Ver também* Economia de mercado
Setor plural, 23, 50-72
   associações em, 53, 56, 57-58, 64-71
   componentes de, 56-57 181n15
   em reversões imediatas, 88-92

liderança de comunidades em, 64-65
necessidade de equilíbrio com setores privados e públicos, 52-54, 72-74
no populismo, 73
no processo de renovação radical e mudança, 87-89
obscuridade de, 59
parcerias entre setores privados e públicos, 94
propriedade comum em, 63-64
queda e ascensão de, 67
serviços do setor privado mudaram para, 92, 184n37
tecnologias afetando, 69
tendências de gestão em, 182n22
uso do termo, 60
Setor político, 181n16. *Ver também* Setor público
Setor privado, 11-12
como insensível, 72
corporações em., Ver Corporações
em cortes de arbitragem, 32-33
exploração pelo, 3-6
globalização do, 10, 138
impostos sobre, 27-28, 31, 39, 141, 191n58
influência cada vez maior do, 19, 22-25, 95
lobby pelo, 26
mudança de serviços para o setor plural, 92, 184n37
mudança de serviços públicos para, 132, 136-138
necessidade de equilíbrio com os setores público e plural, 52-55, 72-74
no capitalismo, 29, 103
no comunismo, 37
papel no processo de renovação radical e mudança, 84-86, 183n32
parcerias do setor plural com, 94
parcerias do setor público com, 59
poder do, 50
práticas comuns da indústria em, 73
propriedade no, 64
responsabilidade social de, 84-86, 183n33
Setor público, 24
burrice do, 72-73
cidadania em, 63
custos e benefícios de serviços, 134
em cortes de arbitragem, 32-33
gerenciado como negócios, 133
mudança de serviços para o setor privado, 133, 135-137
na democracia, 20

nas nações do Leste Europeu, 24
natureza igualitária de, 63-64
necessidade de equilíbrio com os setores privado e plural, 52-55, 72-74
no capitalismo, 30, 67, 132
no comunismo, 14, 20, 103, 132, 134
papel do, 30
papel na renovação radical e processo de mudança, 82-83, 183n30
parcerias do setor plural com, 94
parcerias do setor privado com, 60
privatização de serviços, 131
serviços de saúde de, 180n13
tendências internacionais em, 99-105
Setor social, 54f, 181n16. *Ver também* Setor plural
Setor voluntário, 60
Shaw, George Bernard, 107, 190n54
Shogun (Clavell), 46
Sindicatos, 56, 57-58, 68
SLAPPS (ações judiciais estratégicas contra a participação pública), 127
Smith, Adam, 21, 22, 41, 180n14
Socialismo, 29
Sociedade civil, 60, 65, 180n14, 182n22
Sociedade corporativa, 28-30
Solzhenitsyn, Aleksandr, 85
Soros, George, 144
Suécia, 22
Swift, J., 180n14

Tailândia, 100, 101
Tata Group, 186n44
Taxa de desemprego, 140
Tea Party , 35
Tecnologia
    automobilística, impacto da, 69
    eletrônica, impacto da, 70-71
Terceiro setor, 11
Tocqueville, Alexis de, 17, 180n14
    sobre associações, 68, 55-56, 182n25
    sobre democracia, 17, 78, 192n59
    sobre interesse próprio bem compreendido, 26, 178-179n5
Tratado Norte-Americano de livre comércio, 32
Tytler, Alexander Fraser, 83, 178n3
Twitter, 70

Ucrânia, 100
União Europeia, 33, 134
União Solidária, 182n26
Universidade de Chicago, 57-58
Universidades, 11-12, 56-58, 133-134
Unsafe at any Speed (Nader), 89

Vacina contra poliomielite, 62, 184n37
Vanity Fair, 180n13
Venezuela, 100, 101
Votação
    e endosso de mídia, 130
    e o sistema de colégio eleitoral, 199n51
    pêndulo oscila entre direita e esquerda em, 48-49, 52

Walmart, 68
Wikipedia, 63

II Guerra Mundial, 19, 25, 140, 144

NOTAS

Capítulo 1

1. Este reconhecimento não foi, de fato, discutido, debatido ou mesmo decidido pela Corte como se supõe. Na verdade, a passagem em questão, inserida na decisão como uma nota, foi escrita por um taquígrafo do tribunal, que também era o presidente de uma ferrovia privada. Essas notas foram mais tarde declaradas como sem força de lei, mas a essa altura já havia precedente. O livro de Nace, *Gangs of America: The Rise of Corporate Power and the Disabling of Democracy* (2003), analisa detalhadamente isso e questões relacionadas, concluindo: "Em geral, as decisões da Suprema Corte concederam novos direitos corporativos sem qualquer argumento ou utilizaram uma mistura estranha de justificativas". O resultado foi "uma super pessoa jurídica com plenos direitos" (p. 241, 246).

2. Alfred Nobel já havia falecido há muito tempo quando o Banco da Suécia criou o "Prêmio Sveriges Riksbank de Ciências Econômicas em Memória a Alfred Nobel". Mesmo que não tivesse a intenção de confundir com o verdadeiro prêmio Nobel, uma imprensa desleixada, sem ser corrigida pelos economistas, fez isso. A página www.Nobelprize.org recentemente listava os cinco "prêmios Nobel," seguido por "Prêmio em Ciências Econômicas". (Seria interessante saber por que isso foi alterado). Será que os psicólogos também teriam conseguido um prêmio assim para eles?

3. Essas palavras foram atribuídas ao escocês Alexander Fraser Tytler (por volta de 1810). A fonte original não foi encontrada, embora a forma como foi escrita pareça ser dele (veja 2009 Collins). A Biblioteca do Congresso Americana cita: "Tytler, não confirmado". Mas a disputa sobre a origem das palavras não diminui a importância das próprias palavras.

4. David Brooks, um colunista moderadamente conservador do *New York Times*, escreveu em 2010: "[A] história americana não é apenas a história de governos limitados; é a história de governos limitados, mas enérgicos, que usaram o poder federal de forma agressiva para promover o crescimento e a mobilidade social". Ele se referiu aos esforços com relação a "cada nova ação do governo como um passo na estrada para a servidão" como potencialmente equivalentes a "uma tragédia política".

5. "Os americanos... gostam de explicar quase todas as ações de suas vidas pelo princípio do interesse próprio bem compreendido; eles mostram com complacência como uma consideração iluminada para eles mesmos constantemente requer que se ajudem e que os inclina de boa vontade a sacrificar uma parte de seu tempo e propriedade para o bem-estar do estado" ou, mais tarde, para "salvar o resto"

(1840/2003: 222, 223). Na página seguinte, no entanto, de Tocqueville acrescentou: "mas resta saber como cada homem compreenderá seu interesse pessoal" (p. 224).

6. Em 2009, os grandes governos do mundo se reuniram em Copenhague. Seu feito, de acordo com o ministro britânico de clima e energia (observe o título), foi "colocar números na mesa" (Kanter 2009). Em Durban, dois anos mais tarde, os 200 países reunidos "concordaram em iniciar um processo de longo prazo para negociar um novo tratado" (Austen 2011). Em seguida, dizem que em 2012, o Rio +20 produziu "um acordo histórico, pois é o início da discussão sobre desenvolvimento sustentável" (CBC, 22 de junho). Mais tarde naquele ano, com receio de que a mensagem não fosse entendida, uma cúpula do clima da ONU foi realizada no Catar, o maior emissor per capita de gases de efeito estufa (The Economist, 2013).

7. Sobre a economia de mercado e *laissez-faire*, Karl Polanyi escreveu: "Independentemente do quão natural possa parecer para nós [o pressuposto da economia de mercado], é injustificado: a economia de mercado é uma estrutura institucional que, como todos nós também facilmente esquecemos, não esteve presente em época alguma, exceto pela nossa, e, mesmo assim, apenas parcialmente presente. [O]s mercados livres nunca teriam existido se simplesmente tivessem deixado as coisas seguirem seu curso. Assim como os fabricantes de algodão — o principal setor comercial livre — foram criados com a ajuda de tarifas protetoras, generosidades de exportação e subsídios indiretos de salários, o *laissez-faire* em si foi imposto pelo Estado. Até mesmo livre comércio e concorrência precisaram de intervenção para ser praticáveis" (1944: 37, 139, 150).

8. Um artigo do *New York Times* (Hakim 2013) revelou que oficiais europeus estavam "consultando líderes empresariais de ambos os lados do Atlântico sobre como estruturar um pacto de livre comércio" antes mesmo das conversações sequer começarem. "Documentos internos obtidos pelo *The New York Times* oferecem uma visão sobre até que ponto os negociadores comerciais europeus permitem que grandes grupos de *lobby* de empresas determinem a agenda. Entre outras coisas, a comunidade empresarial estava buscando um papel ativo na elaboração de novos regulamentos".

Capítulo 2

9. Em um estudo de 1991, James G. March contrastou "a exploração de novas possibilidades" com "a de antigas certezas", concluindo que

essa última pode ser "eficaz em curto prazo, mas autodestrutiva em longo prazo" (p. 7).

10. "[O] individualismo, no início, apenas suga as virtudes da vida pública: mas, em longo prazo, ataca e destrói todas as outras, sendo, por fim, absorvido por extremo egoísmo" (de Tocqueville 1840/2003: 98).

Capítulo 3

11. "As reformas neoliberais não são projetadas para encolher o Estado, mas para fortalecer as instituições do Estado a servir ainda mais que antes as necessidades do povo" (Chomsky 2006: 218, citando Ocampo).

12. Nos Estados Unidos, "ainda temos um partido que fala a língua do governo e um que fala a língua do mercado. Não temos um partido que esteja confortável com a sociedade civil, nenhum partido que compreenda as maneiras com que o governo e o mercado podem esmagar e nutrir a comunidade, não há partido com novas ideias sobre como essas coisas podem se misturar" (Brooks 2013a).

13. Alguns anos atrás, um artigo na *Vanity Fair* (Hitchens 1998) citou um ativista de direita que tinha sido oponente feroz à proposta de mudança na área da saúde apresentada por Hillary Clinton: "Eu era um pit bull no ataque... Mas nunca pensei que o governo fosse implodir e deixar o campo livre para as seguradoras e prestadoras de serviço de saúde". Acrescentou ainda: "[N]inguém votou [neste sistema de saúde compartilhado entre medicina e mercado]; ninguém foi consultado sobre isso; ninguém elegeu isso. Ainda assim, ... responde apenas a si mesmo e a flutuações imprevisíveis no mercado de ações". Nenhuma menção foi feita ao setor plural.

14. Ver Swift (1999) sobre os altos e baixos da "sociedade civil". Outro problema é a falta de um autor amplamente reconhecido e livros relacionados a esse setor. O setor privado tem Adam Smith e a *A Riqueza das Nações* – ou pelo menos aquele parágrafo mencionado anteriormente – reforçado pelos escritos de Hayek e Friedman. E o setor público, no seu extremo, teve Karl Marx e *Das Kapital*. Minha sugestão para o setor plural é Karl Polanyi e seu livro *The Great Transformation* (1944), embora algumas seções de *Democracy in America* de Tocqueville (1840/2003) possam muito bem ficar ao lado das obras de Smith e Marx.

15. "[A] paisagem do terceiro setor não é clara, mas é maravilhosamente exuberante" (de Oliveira e Toledo, citado em Edwards 2004: 32). "Ela promove o pluralismo, permitindo que vários interesses sejam representados, diferentes funções sejam desempenhadas e várias capacidades sejam desenvolvidas" (p. 32).

16. Também poderíamos chamá-lo de "setor social", mas apenas se chamássemos os outros setores de político e econômico.

17. "[O]s acionistas são onipotentes: podem comprar grandes empresas, separá-las, enchê-las de dívida, vendê-las, desligá-las e expulsar os seres humanos – e funcionários e comunidades permanecem impotentes para detê-los. Esse tipo de poder... começou quando os proprietários de terras eram a classe privilegiada, pela riqueza que detinham. Ser proprietário de terras significava ser o mestre... [os] senhores podiam ter servos, bem como animais" (Kelly 2001: 41).

18. "Praticamente todos os senadores dos EUA, e a maioria dos deputados, fazem parte do 1% mais rico da América quando chegam; são mantidos lá pelo dinheiro do 1% mais ricos; e sabem que, se servirem bem esse 1%, serão recompensados por eles quando deixarem o cargo" (Stiglitz 2011). Será por isso que muitos deles se opõem veemente ao aumento de impostos dos americanos ricos?

19. Talvez não. Mas uma empresa conseguiu a patente de alguns de nossos genes humanos, e consequentemente cobra mais de $ 3.000 para um teste de câncer de mama (Pollack 2011).

20. O biólogo Garritt Hardin publicou um artigo em 1968 intitulado "The Tragedy of the Commons" (A Tragédia dos Comuns) que se tornou uma espécie de tragédia quando economistas passaram a usá-lo para decretar a inviabilidade de propriedade comum. No entanto, "o próprio Hardin teve que modificar sua posição. Ele reconheceu que o problema não é a propriedade comum *per se*, mas o acesso aberto – ou seja, comuns no sentido de que não existem estruturas sociais ou regras formais que regem o acesso e o uso" (Rowe 2008: 142). Claro, as tragédias reais foram as explorações abusivas de propriedade comum: "Cercas foram chamados apropriadamente de uma revolução dos ricos contra os pobres. Os senhores e nobres estavam perturbando a ordem social, rompendo com leis antigas e tradicionais, às vezes por meio de violência, muitas vezes por pressão e intimidação. Estavam literalmente roubando dos pobres sua parte do comum" (Polanyi 1944: 35).

21. Em *Governing the Commons*, Ostrom (1990) observou que "nem o estado nem o mercado são bem sucedidos em possibilitar que os

indivíduos façam uso produtivo em longo prazo dos sistemas de recursos naturais... Tanto defensores da centralização quanto defensores da privatização aceitam como um princípio fundamental que a mudança institucional deve vir de fora e ser imposta às pessoas afetadas... Ambos frequentemente defendem instituições idealizadas de maneira muito simplificada" (pp. 1, 14, 22). Ostrom detalhou as condições sob as quais os comuns e outras formas de propriedade funcionam de forma mais eficaz. Também observou que "um mercado competitivo – o epítome das instituições privadas – é em si um bem público" (p. 15).

22. "A Sociedade Civil dos Estados Unidos mudou 'associação para gestão' nos últimos 40 anos... Em parte porque o *establishment* liberal tender a se dissociar do ativismo.... Há uma profissionalização do setor sem fins lucrativos e um distanciamento gradual entre associações e sua base social" (Edwards 2004: 35).

23. Agora, algumas das grandes instituições financeiras estão pulando no trem da alegria, dando ações e títulos a organizações sem fins lucrativos. A Goldman Sachs, por exemplo, tem um fundo de impacto social, projetado para "tornar o mundo sem fins lucrativos mais eficiente na captação de recursos. [Se] os doadores vissem sua caridade como um investimento, isso transformaria o setor sem fins lucrativos" (Sorkin 2013). Sem dúvida!

24. Particularmente destrutiva é a distinção entre liderança e gestão, sendo a última vista como melhor: "fazendo as coisas certas", em vez de "fazer certo as coisas" (Bennis, 1989; ver também Zaleznik 1977). Tente fazer as coisas certas sem fazê-las do modo certo. De fato, tente liderar sem gerenciar: você não saberá o que está acontecendo. (Ver meu livro *Managing Essencial*, 2013).

25. "As associações políticas que existem nos Estados Unidos são apenas um único recurso em meio à imensa mistura de associações que existe país. Americanos de todas as idades, todas as condições e todas as disposições constantemente formam associações... Na liderança de algum empreendimento, você verá, na França, o governo; na Inglaterra, um nobre; nos Estados Unidos, uma associação" (Tocqueville 1840/2003: 106).

26. A primeira rachadura no comunismo soviético indiscutivelmente surgiu por causa de duas associações na Polônia: o sindicato Solidariedade, que encontrou uma abertura graças à sobrevivência naquele país de outra associação – a Igreja Católica.

27. "A empreitada de desenvolvimento ocidental separou as pessoas de seus meios tradicionais de subsistência e rompeu os laços da seguran-

ça da família e da comunidade para criar dependência de empregos e produtos que as corporações modernas produzem" (Korten 1995: 251).

28. Na verdade, a palavra comunidade virou moda para descrever o que realmente são redes, como em "comunidade empresarial" ou "na comunidade médica" — "pessoas com interesses comuns, [mas] não com valores, história ou memória comuns". Um ou dois séculos antes, a palavra "parecia ter a conotação de um grupo específico de pessoas, de uma parte específica da terra, que conheciam, julgavam e cuidavam uns dos outros, compartilhando hábitos, histórias e memórias, às vezes podendo ser persuadida a agir como um todo em nome de uma parte" (Giridharadas 2013).

29. Ver o artigo "Is Facebook Making Us Lonely?" de Marche (2012). March alega que, graças em grande parte a nós mesmos, "sofremos de uma alienação sem precedentes... Em um mundo consumido por cada vez mais modos de socialização, temos cada vez menos uma sociedade real".

Capítulo 4

30. "[A]gências governamentais estão voltadas à estabilidade, não à mudança. Seus processos são projetados para garantir o rigor, a equidade e a segurança. Algo simples como criar ciclovias em um bairro pode passar por mais de 40 revisões e comitês antes da primeira faixa ser pintada" (Vossoughi 2011).

31. Um artigo interessante (Higgins 2012) apareceu após as inundações de 2012 em Nova York e Nova Jersey. Comparava a ênfase holandesa na "prevenção de desastres" com a inclinação americana de "auxílios a desastres". Uma autoridade holandesa fez referência às atitudes americanas que "dificultam a mobilização da atenção pública e de dinheiro para prevenir desastres a tempo".

32. Em 1968, o *Harvard Business Review* publicou um artigo mostrando que as empresas americanas combateram todas leis de caráter social propostas durante o século XX, desde a proibição do trabalho infantil do início de 1900 (Levitt 1968). Será que isso mudou?

33. A questão é combatida pela esquerda e pela direita. Pela esquerda: quem são eles para influenciar nas questões sociais? Pela direita:

quem são eles para gastar o dinheiro dos acionistas? Um contra-argumento é que fazer assim renderá mais dinheiro para os acionistas. Mas realmente paga a pena? (Ver Mintzberg 1983: capítulos 30 e 31.)

34. Na conferência da ONU de 2013 sobre mudanças climáticas, realizada na Polônia (que tem seis das 10 cidades europeias com maior concentração de material particulado, graças em grande parte à queima de carvão e a um governo "cada vez mais ativo na tentativa de bloquear os regulamentos mais agressivos para travar as mudanças climáticas"), tivemos a visão lamentável do representante das Filipinas, logo após uma tempestade terrível em seu país, implorando por alguma ação. "Como se para defender uma posição... o setor do carvão programou sua própria reunião de cúpula do clima na Varsóvia [para ocorrer] simultaneamente com a Conferência das Nações Unidas" (Hakim e Zurawik 2013). A Agência Internacional de Energia informou, no fim de 2013, que o consumo global de carvão, já um dos principais contribuintes para o aquecimento global, deve continuar crescendo a um ritmo "implacável" até 2018. Ele é responsável por mais de 60% do aumento das emissões de dióxido de carbono desde 2000 (Reed 2013).

35. Em uma festa que fui na Virgínia há alguns anos, ouvi um grupo militares reservistas criticarem o governo e o sistema tributário, sem aparentemente perceber que, como funcionários do governo, são inteiramente dependentes dessa tributação para a própria renda.

36. Ver Robinson (2011) para ler uma visão interessante sobre essa questão. "As crises orçamentárias e fiscais que supostamente justificam cortes de gasto e austeridade são artificiais", possibilitadas pela desregulamentação do setor financeiro que estimula a especulação e a resultante "transferência [do] ônus da crise às classes populares e trabalhadoras". O "novo frenesi de especulação pelos capitalistas financeiros é agora apresentado como trabalhadores vivendo além de suas possibilidades, uma conveniente cortina de fumaça". Robinson descreveu "a austeridade varrendo toda a Europa" como a "terceiro-mundialização do 'primeiro mundo'".

37. É possível começar com algumas pesquisas farmacêuticas. Os avanços são bem-vindos, mas precisamos de grandes empresas de capital aberto para obtê-los? E os preços? Graças aos monopólios concedidos pelo governo, mas não bem regulados, chamados de patentes, muitas indústrias farmacêuticas cobram "o que o mercado dita" (uso do termo da *Businessweek* [Carey e Barrett 2001]). O mercado pode aguentar, mas muitos doentes não conseguem. As empresas alegam que precisam do lucro para sustentar as pesquisas. Quanto? De fato, se você acreditar que é preciso ficar em débito com essas empresas pela pesquisa, saiba que três das maiores descobertas farmacêuticas

de todos os tempos — penicilina, que levou aos antibióticos, insulina e a vacina Salk contra poliomielite – saíram de laboratórios sem fins lucrativos. Além disso, a pesquisa em algumas das maiores indústrias farmacêuticas vem perdendo força há alguns anos. Elas vêm comprando muitas das suas ideias de novos produtos de empresas menores e mais vibrantes, e investe quantias enormes na sua promoção. O desenvolvimento dessas ideias – testá-las para garantir segurança e eficácia – pode exigir teste de grande escala, mas não justifica o lucro dessas empresas. (Ver meu artigo de 2006 "Patent Nonsense".)

38. Essa questão se aplica ao desenvolvimento econômico global e ao desenvolvimento de pessoas também. Em um artigo (2006) intitulado "Developing Leaders? Developing Countries?" (Líderes em desenvolvimento? Países em desenvolvimento?) contrastei três modelos de desenvolvimento econômico: de fora para dentro, ou globalização; de cima para baixo, ou intervenção do Estado; e de dentro para cima, ou empresa inata. Nenhuma grande economia se desenvolveu pelo primeiro modelo (Chang 2002). As evidências são fortes de que o modelo inato é a chave para o desenvolvimento, especialmente para o começo de uma nação.

39. Enquanto os governos do mundo estavam colocando os "números na mesa" em sua conferência sobre aquecimento global de 2009 em Copenhague, dinamarqueses capacitados em todo o país — em grupos de cidadãos, empresas e governo — estavam envolvidos no talvez mais ambicioso programa do mundo para o desenvolvimento de energia limpa e sustentável.

40. Não quer dizer que não há arestas quando esses setores se encontram. As organizações podem ser plotadas ao redor do círculo do diagrama temático — por exemplo, empresas estatais no setor público, mas no lado do setor privado empresas com participação significativa de empregados na gestão, próximas de cooperativas do setor plural.

41. Alguns colegas e eu estamos preparando para setembro de 2015 um GROOC — um MOOC (curso on-line aberto e massivo) para grupos — chamado "Social Learning for Social Impact" (ver https://www.mcgill.ca/desautels/ programas/grooc).

42. "Há muitos críticos que dirão: 'você não pode prender uma empresa'" (Stewart 2013). Não é verdade. Há um precedente recente para isso, pelo menos com relação a uma parte de uma empresa: A SAC Capital concordou em "se declarar culpada de todas as cinco acusações de violação de informações privilegiadas e a pagar uma multa recorde $ 1,2 bilhão, tornando-se a primeira grande empresa de Wall Street em uma geração a confessar uma conduta criminosa. A confissão de

culpa e a multa paga pela SAC são parte de um acordo mais amplo que impõe um livramento condicional de cinco anos para o fundo. A SAC também deve encerrar o negócio de gerenciamento de capital para investidores externos" (Protess e Lattman 2013; ver também Lattman e Protess 2013). Os críticos apontaram outro aspecto do "grande demais para a cadeia": funcionários inocentes sofrem pelos erros dos executivos. Mas muitas pessoas em outros lugares agora sofrem por esses erros. Tudo o que reduzir essa criminalidade é bom para funcionários, clientes e sociedade. Os direitos também excederem as responsabilidades, com funcionários, fornecedores e sociedade sofrendo as consequências, quando a matriz da empresa pode fugir de uma subsidiária falida depois de anos lucrando com ela.

43. David Brooks (2011f) comentou que o "presidente Obama certamente não afastou as empresas do processo regulatório. De acordo com dados coletados pelo Center for Progressive Reforms, 62% das pessoas que se reuniram com o encarregado pela Casa Branca de rever os regulamentos foram representantes da indústria, e apenas 16% representavam grupos ativistas. Nessas reuniões, os representantes de empresas superaram os ativistas em mais de 4 a 1". Brooks, colunista normalmente sensato, viu como positiva essa negociação.

44. Por exemplo, empresas como a Novo Nordisk, da Dinamarca, e a Tata, da Índia, concentraram suas ações com direito a voto em fundos familiares. E a Alemanha, que aprovou leis sobre presença de representantes dos trabalhadores nas diretorias das empresas em 1976, é uma das histórias de grande sucesso econômico do mundo.

45. O pequeno país do Butão tornou-se famoso por adotar o felicidade nacional bruta no lugar do produto nacional bruto. Visitei o Butão há alguns anos e, discutindo sobre isso com algumas das suas pessoas conhecedoras, fiquei impressionado com duas coisas. Primeiro, os butaneses não sabiam como medir esse FNB. Em segundo lugar, essa incapacidade não importava porque eles estavam se comportando fielmente a seus preceitos. (Nas palavras de um repórter da BBC, tornou-se "uma forma de viver".) Então, os especialistas internacionais chegaram ao Butão, para ajudá-los a medir. Logo, cada uma das nove dimensões tinha "seu próprio índice de FNB ponderada e não ponderado... analisada utilizando... 72 indicadores... Fórmulas matemáticas foram inclusive desenvolvidas para reduzir a felicidade a seus menores componentes" (Mydans 2009). Bruto, com certeza, mas felicidade? O problema com técnicas como o "balanced scorecard" (Kaplan e Norton 1992) é que não podem ser equilibradas, porque favorecem fatores econômicos e não os sociais (ver Mintzberg 1982).

46. O perigo de fazer isso antes – por exemplo, na oferta de dinheiro para *start-ups*, como as fundações às vezes fazem – é que as pessoas nos escritórios, que acreditam que sabem mais – com sua medição e avaliação – podem atrapalhar pessoas que estão no campo e aqui precisam aprender. Mas uma vez que a aprendizagem é mais ou menos concluída, as pessoas que sabem como institucionalizar formalmente o que chegou informalmente, podem ser a chave para a difusão generalizada de inovações sociais úteis.

47. Pontos fortes semelhantes em todos os três setores, incluindo movimentos cooperativos fortes, podem ser encontrados em vários países menores, como a Costa Rica (Garrigues 2009). Quanto a países maiores, a França tem governos proativos ("dirigista") e um setor privado estabelecido – e os dois às vezes excessivamente inclinados a entrar em cooperação. Essa última questão é verdadeira na China, também, que, por outro lado, é bem diferente. Em um comentário no *New York Times*, Charles Kupchan (2012) contrastou o "capitalismo democrático" liderado pelos Estados Unidos com o "capitalismo de Estado" liderado pela China. O primeiro, em nossos termos, tenta se equilibrar em uma perna (observe que democracia é o adjetivo, capitalismo é o substantivo), enquanto o último tenta em duas pernas: um Estado poderoso reforçado por fortes empresas que sabem o seu lugar, com pouco espaço para o setor plural. Economicamente, o capitalismo de Estado parece estar indo bem, talvez porque restrinja as liberdades individuais (a autocracia tem suas vantagens). Mas continuará a manter as forças do pluralismo sob controle, o que às vezes faz de forma tão brutal? Kupchan sugeriu que o capitalismo de Estado mudará a globalização como nós a conhecemos, que também será influenciada por Índia e Brasil: "democracias seculares e estáveis que parecem estar caindo no modelo ocidental". Não é bem assim. Seus setores públicos são mais fortes (ele observa que "as duas nações adotaram um populismo de esquerda"), e o setor plural de ambos parece especialmente vibrante.

48. Os protestos contra os custos elevados da recente Copa do Mundo da FIFA no Brasil podem ter parecido bagunça para muita gente. Mas em que outro país foi usado tanto dinheiro público em evento desse porte e as pessoas tiveram a coragem de enfrentar esses excessos, enquanto o evento acontecia, em vez de reclamar depois?

49. Ainda assim, vários analistas de Nova York e Londres têm criticado o país, como que para puni-lo por eleger governos de esquerda desde 2003. Um relatório trouxe dados (de Sharma 2012) sobre o crescimento econômico do Brasil de 1980 a 2000 não baseado em produtividade, indicando que a expansão seria por meio de um programa assistencial excessivamente generoso. A alegação era de que, embora o programa

tenha reduzido a desigualdade do país, ele custou o crescimento econômico. Na verdade, a economia brasileira cresceu a uma taxa média de 4,6% durante os anos de Lula (2003 a 2011), pouco antes desse analista escrever o relatório. Quanto à produtividade, existem dois tipos: uma que realmente faz as coisas melhorarem, outra que é construída nas costas dos empregados – por exemplo, por meio de demissões em massa. (Para esse lado improdutivo da produtividade, ver www.Mintzberg.org/enterprise.) Um relatório da Reuters (Parra-Bernal 2012) refere a "pesada mão da política econômica" do país e menciona uma pesquisa do Banco Mundial sobre países com ambiente propício a negócios que classificou o Brasil em 126 entre 183. (Que tal uma pesquisa sobre "viver a vida"?) Podemos ver esse *bullying* em outros lugares. Em 2013, a Standard & Poor's cortou a classificação de crédito da França, talvez em resposta por ter eleito um governo socialista no ano anterior. Como Paul Krugman (2013) colocou em uma de suas colunas, a França estava sendo punida por "cometer o pecado imperdoável de ser fiscalmente responsável [por exemplo, aumentar os impostos sobre os ricos] sem infligir dor sobre os pobres".

50. Em uma coluna no *New York Times*, Anand Giridharadas (2011) refletiu sobre se os detratores de Sarah Palin notariam se ela dissesse "algo inteligente, sábio e novo sobre os EUA". Em uma conversa, ela fez "três pontos de entrelaçamento":

- os Estados Unidos são hoje governados por uma "classe política permanente" dos dois partidos, cada vez mais distante das preocupações das pessoas normais;

- esses republicanos e democratas têm se aliado a grandes empresas para obter vantagens mútuas a fim de criar o que ela chamou de "capitalismo corporativo de comparsa";

- o divisor político real nos Estados Unidos talvez não seja entre amigos e inimigos do grande governo, mas entre amigos e inimigos de instituições grandes, remotas e inexplicáveis (pública e privada). Palin passou a condenar lobistas corporativos, interesses especiais e "o conluio entre o grande governo, as grandes empresas e o grande capital, em detrimento de todo o resto" e fez uma distinção entre bons e maus capitalistas: enquanto os pequenos correm riscos de grandes, estes vivem de operações de resgate e fugindo de impostos, sem criar postos de trabalho.

Palin estava à esquerda ou à direita quando fez esses comentários, muito parecidos com os deste livro? (Ver também Freeland 2013a, 2013b.)

51. O país continua a ser incapaz de livrar-se de um colégio eleitoral anacrônico ou a adotar um sistema de votação usado parecido com o de outros lugares, sem falar da enganação do *lobby* das armas. (O povo americano tem o direito de portar armas nucleares?) O país declarou guerra à pobreza, drogas e muito mais, sem sucesso.

Capítulo 5

52. Sobre o HBR Blog rede, Branko Milanovic, o economista principal do grupo de pesquisa do Banco Mundial, escreveu no verão de 2011: "a razão [por trás dos protestos em Londres] encontra-se na desigualdade de renda e riqueza que a as reformas neoliberais produziram, combinada com uma ênfase ideológica incessante no sucesso material e no consumo como metas de vida". Ele descreveu isso como "espancamento ideológico... [Os] jovens 'compraram' a ideologia de que a riqueza equivale à superioridade ética, mas se encontraram no lado errado da equação. Os caminhos que poderiam levá-los à riqueza estavam fechados — pelo aumento do desemprego, cortes nos serviços sociais, maiores custos de educação, aluguéis mais elevados e, não menos importante, corrupção praticamente aberta e imoralidade das elites... Eles veem a antiga economia do bem-estar desaparecer, enquanto os políticos, empresários e estrelas da música cinicamente aproveitam as riquezas da sociedade [e] eles não têm um projeto social alternativo. Se eles realmente acreditassem que um mundo diferente é possível, eles teriam se organizados em grupos políticos, não em multidões". Milanovic concluiu com o seguinte: "O desafio, se formos aceitá-lo, é descobrir uma maneira de engajar uma geração que não parecer querer isso. Ideias são bem-vindas."

Apêndice

53. Quando escrevi esta seção, a entrada do Facebook no mercado de ações atraía muita atenção. A pergunta era: como usaria a propaganda para lucrar com sua enorme banco de dados? Mais perguntas importantes poderiam ter sido feitas: onde a linha entre lucro e privacidade seria traçada, e por quem? Sabemos que as empresas traçam essas linhas de acordo com seus próprios interesses – o padrão parece ser fazer

tudo o que puder até ser impedido de continuar. Os reguladores ou tribunais conseguirão acompanhá-las algum dia? "Em Washington, os lobistas dos setores de tecnologia, *marketing* e afins, têm conseguido frear projetos de lei que tratam de privacidade" (editorial do *New York Times*, 5 de novembro de 2013).

54. Se meu uso da palavra prostituição parecer excessivo, leia esta passagem de um artigo de um professor da Harvard Business School, que durante muitos anos ministrou a disciplina eletiva mais popular da escola: "George Bernard Shaw, o famoso dramaturgo e pensador social, contou que em viagem de navio conheceu uma atriz célebre no convés e perguntou a ela se estaria disposta a dormir com ele por 1 milhão de dólares. Ela concordou. Ele seguiu com uma contraproposta: 'E por 10 dólares?' 'O que você acha que eu sou?', ela respondeu indignada. Ele respondeu: 'isso nós já sabemos – agora só estamos negociando o valor'" (Jensen e Meckling 1994). Em vez de simplesmente qualificar a passagem, Jensen e seu colega prosseguiram: "Gostem ou não, os indivíduos estão dispostos a sacrificar um pouco de quase tudo, até mesmo reputação ou moralidade, por uma quantia suficientemente grande de outros desejos". Em outras palavras, uma geração inteira de estudantes com grande influência no comportamento das empresas aprendeu que, em última instância, somos todos prostitutas.

55. Depois que a CBC acabou com a propaganda no rádio em 1975, "o resultado foi... uma explosão de excelência criativa que rendeu à rede uma audiência grande e fanaticamente leal" (Rowland 2013).

56. A essa lista, pode-se adicionar algumas outras instituições internacionais, incluindo a Organização para a Cooperação e Desenvolvimento Econômico e o Fórum Econômico Mundial, cuja conferência de 2006 em Davos incluiu uma sessão intitulada "Negócios globais: salvação ou bode expiatório". Que escolha! Nessa sessão, um membro do painel, o presidente da JPMorgan Chase, falou sobre as poucas maçãs podres que estavam prejudicando a reputação de grandes empresas. Em 1º de setembro de 2013, após uma série de escândalos em torno de uma suposta manipulação do mercado de energia, investigações criminais de títulos hipotecários e a contratação de filhos de líderes políticos chineses, o *New York Times* publicou um editorial intitulado "Perseguindo JPMorgan Chase" sobre seu "enorme tamanho, escopo e complexidade... motivarem um comportamento ruim e especulativo". Em seguida, a empresa concordou com um acordo de $ 13 bilhões na questão das hipoteca (Protess e Silver-Greenberg 2013) enquanto era processada por envolvimento no escândalo de alumínio da Goldman Sachs (Harris 2013).

57. Um antigo líder da OMC foi citado descrevendo normas e padrões com base no meio ambiente como "condenados ao fracasso e que só poderiam danificar o sistema de comércio global" (Wallach e Sforza 1999: 28; ver também Korten 1995: Capítulo 13 sobre a OMC).

58. Os Estados Unidos têm três regimes de imposto de renda, o que ilustra bem o desequilíbrio em sua sociedade. (1) Tributação completa para os americanos regulares e aqueles que vivem em outros lugares mas são considerados pelo governo dos EUA como cidadãos americanos. Estes são obrigados a fazer imposto de renda nos Estados Unidos, não importa onde vivam — mesmo que tenham sido registrados como cidadãos por seus pais e nunca tenham passado um dia no país — e a pagar tudo o que exceder os impostos que tiverem pago onde vivem. (2) Baixa tributação para empresas americanas que fingem viver no exterior. O governo dos EUA está preparado para rastrear seus cidadãos, mas não suas empresas. Muitas fizeram manobras para comprovar sua sede em países com impostos baixos (Bowley 2013). Um estudo pelo serviço de pesquisa do congresso descobriu que, em 2008, as filiais de empresas americanas geraram 43% de seus lucros em cinco paraísos fiscais importante, onde tinham 4% de funcionários estrangeiros e 7% de investimentos estrangeiros (Rattner 2013). Não pode haver uma empresa mais americana por excelência do que a General Electric. Quase metade de seus funcionários trabalha nos Estados Unidos, onde quase metade de seus rendimentos é gerada. Em 2010, a GE relatou lucros em todo o mundo de $ 14,2 bilhões, apenas $ 5,1 bilhões de operações nos Estados Unidos. A empresa não pagou imposto algum dos EUA naquele ano; de fato, recebeu um benefício fiscal de $ 3,2 bilhões. De 2005 a 2010, a empresa declarou $ 26 bilhões em lucros americanos, enquanto recebia um benefício fiscal líquido de $ 4,1 bilhões. "Em 2010, 25 das 100 maiores empresas dos EUA pagaram seus CEOs mais do que pagaram em impostos aos EUA... Vinte gastaram mais em *lobby* e 18 contribuíram mais... para partidos políticos" (Collins 2012: 3, 53). Essa atividade, no entanto, gerou emprego: estimau-se que o departamento fiscal da GE empregava 975 pessoas, sem mencionar seus lobistas (Kocieniewski 2011a). (3) Tributação alta para americanos ricos. Muitos dos americanos mais ricos foram capazes de declarar seus ganhos anuais em ganhos de capital, com menor tributação. Durante a campanha presidencial de 2012, Mitt Romney foi forçado a admitir que pagou 13,9% de sua renda bruta de $ 21,7 milhões em 2010. O imposto federal para os 400 americanos com os maiores rendimentos caiu de 30% para 17% entre 1995 e 2007, a ponto de Warren Buffet, uma das pessoas mais ricas na América, publicar um comentário no *New York Times* (19 de agosto de 2011), pedindo ao governo para aumentar os impostos sobre os ricos. Ele informou pagar apenas 17,4% do seu rendimento

tributável para o governo federal em 2010, menos que todas as outras pessoas em seu escritório, que em média pagavam 36%. "Eu e meus amigos [bilionários] já fomos mimados tempo o bastante". A maioria desses amigos, no entanto, permaneceu em silêncio. Collins (2012) se referiu a esse tipo de coisa como "um triunfo do capital e uma traição ao trabalho" (p. 8).

59. Naquela época, Tocqueville escreveu: "a democracia foi abandonada aos seus interesses selvagens e cresceu como aquelas crianças que não têm orientação parental alguma" (1840/2003: 7). Ele estava falando sobre a França, não a América. Sobre a América, ele escreveu: "[D]urante minha estada nos Estados Unidos, nada me impressionou com mais impacto do que a igualdade geral de condições entre as pessoas" (p. 3).

60. Um estudo da área da saúde nos países ocidentais mais desenvolvidos (Davis, Schoen e Stremikis 2010) descobriu que os Estados Unidos ocupavam a última posição em acesso, segurança do paciente, coordenação, eficiência e igualdade. A mortalidade infantil e a mortalidade por doenças curáveis estavam entre as maiores nas nações desenvolvidas. Um estudo de 2006 descobriu que as taxas de diabetes e doenças cardiovasculares entre os americanos mais ricos e mais bem educados eram comparáveis a dos ingleses mais pobres e menos educados. Somado a isso, a receita mais popular para resolver os problemas da saúde americana continua a ser tratá-la como um negócio e aumentar a concorrência (ver, por exemplo, Porter e Teisberg, 2004, 2006; também Herzlinger 2006, 2007), apesar de assim já ser. (Esse tópico é discutido em um livro que estou concluindo e que se chama *Managing the Myths of Health Care*, gerenciando os mitos da saúde.)

61. Para obter mais informações sobre a "maior regressão dos EUA" (em relação à discussão de disparidades de rendimento que se segue), consulte Reich (2011).

62. Para o lado humano desses números, ver Putnam (2013) sobre a vida de quem têm e quem não têm, no estado de Ohio, na sua juventude, em comparação com aqueles que vivem hoje lá.

63. Para obter uma lista de intervenções abertas dos militares americanos e secretas da CIA, consulte "From the Wounded Knee to Libya: A Century of U.S. Military Interventions" (Grossman 2012). A Doutrina de Monroe, publicada em 1823 para acabar com a interferência europeia nos países recém independizados da América Latina uma declaração americana de dependência: o direito autodeclarado do país de intervir unilateralmente em qualquer país do hemisfério ocidental e mais tarde no mundo, que agiu de forma contrária aos seus próprios interesses.

64. "Em algum lugar no fundo de suas mentes, muitas pessoas parecem estar percebendo que a alternativa a um mundo dominado pelos Estados Unidos... é um mundo sem liderança" (Friedman 2009). "Para recuperar a identidade que desfrutava durante a Guerra Fria, os Estados Unidos deveriam se tornar o líder de uma comunidade de democracias. [A]inda seria necessário manter seu poderio militar, mas essa força serviria para proteger uma ordem mundial justa" (Soros 2004: 167–168).

65. Aqui também a negação é a ordem do dia. Em uma de suas colunas recentes, intituladas "Saving the System" (salvando o sistema), David Brooks (2014b) escreveu: "as pessoas poderosas geralmente tentam impor sua versão da verdade nas pessoas menos poderosas". Ele estava se referindo às outras pessoas poderosas, sem reconhecer (nessa coluna, pelo menos) que o que ele chamou de "pluralismo liberal" é a versão dele e dos EUA da verdade. Cinco semanas depois (2014a), Brooks citou Micklethwait e Wooldridge (2014) ao dizer que "até agora, o século XXI foi ruim para o modelo ocidental"; enquanto em coluna anterior (c-2011), ele escreveu sobre o emaranhado "vertiginoso" de interesses sobrecarregando o governo dos EUA". Brooks parece ter duas ideias: reconhece o que está acontecendo localmente, mas é cego para algumas de suas consequências globais.

66. Quando este livro era finalizado, surgiram novas ameaças: a Rússia voltou a hábitos da Guerra Fria com a Ucrânia, e o Estado Islâmico levava o extremismo a novos níveis de barbárie no Oriente Médio. Precisamos confiar na "democracia liberal", liderada pelos Estados Unidos, afinal? Em uma "Carta da América" no *New York Times*, Anand Giridharadas (2014) chegou a outra conclusão, consistente com os argumentos deste livro:

67. Por trás do caos, encontra-se um vazio de influência agora – um vazio em que países são incapazes de impedir que outros países ou grupos de farrapos façam coisas ruins. E por trás do vazio da influência, há um vazio de exemplo... Ao não conseguir incorporar tantos dos seus próprios ideais nos dias de hoje, os Estados Unidos (como outras democracias liberais) priva o mundo de um contrapeso convincente para as ideias (como elas são) dos chamados putinismo, islamismo, autoritarismo chinês e outros -ismos em marcha. Nesta época líquida e interdependente, muitas pessoas em todo o mundo ficam buscando algo em que acreditar.

SOBRE ESTA EMPREITA- DA

SOU CANADENSE, nascido e criado em Montreal. Recebi formação em engenharia elétrica pela McGill University e meu primeiro emprego depois de sair da faculdade foi na empresa ferroviária do meu país. Logo continuei meus estudos, com pós-graduação em gestão, no MIT em Boston, retornando depois para a McGill, onde venho pesquisando, escrevendo e lecionando sobre gestão e organizações desde então. Atuo, nos últimos anos, em nosso programa de Mestrado Internacional em Prática de Gerenciamento (www.impm.org), no Mestrado Internacional em Liderança em Saúde (www.imhl.org) e em uma empresa chamada CoachingOurselves.com. Durante esse tempo, também fiquei oito anos no exterior, com passagens pela França, Suíça, Inglaterra e República Tcheca. (Detalhes sobre isso tudo podem ser encontrados em www.mintzberg.org.)

Então, quem sou eu para estar fazendo isto?

Afinal, não sou especialista na maior parte das questões discutidas aqui. Mas, dada a amplitude de todas elas juntas, quem é? Especialistas se especializam, com a consequência de que os grandes problemas se perdem nos escritos especializados ou, então, ficam distorcidos quando vistos através de uma única lente. No entanto, há ideias significativas nesses escritos que precisam ser trazidas para algum tipo de modelo abrangente, juntamente com o que podemos ver por nós mesmos neste mundo conturbado. E é aqui que posso dizer que tenho alguma experiência: meus livros mais bem sucedidos sintetizaram ideias de várias fontes.

Pelo que me lembro bem, comecei a pensar sobre esse modelo há 23 anos, quando visitei Praga, logo após o colapso do comunismo no Leste Europeu. A explicação mais usada na época para esse colapso — que o capitalismo havia triunfado — me parecia não só errada, mas também perigosa. Um ano depois, publiquei um artigo que discutia o triunfo do equilíbrio em termos de três setores da sociedade e adverti sobre o risco de perder o equilíbrio (Mintzberg 1992; ver também 2002). Essas preocupações pouco diminuíram nos anos que se seguiram.

Comecei a juntar materiais — muitos livros e artigos, todos os tipos de notas rabiscadas — e pedi às pessoas nos lugares que visitava para organizar pequenas oficinas a fim de discutir esse modelo em evolução. De 2001 a 2014, tivemos 24 dessas oficinais no mundo todo.[1]

Em 2009, abri as várias caixas de materiais que tinha juntado. Depois de lidar com cerca de 15 rascunhos, postei *Rebalancing Society* (reequilibrando a sociedade) como um "panfleto eletrônico" no *site* www.mintzberg.org em fevereiro de 2014. Este livro é uma revisão desse panfleto, com o mesmo título (e se junta a esse panfleto em meu *site*, graças a uma editora que pratica o que prega este livro). Para manter esta versão mais curta possível, retirei alguns materiais que podem ser acessados no panfleto original (incluindo uma versão mais completa do apêndice, que aparece nas páginas 125-145).

---

1   A primeira foi na Nova Zelândia, e as demais foram realizadas em Londres, Costa Rica, Bretanha, Gana, Cidade do México, Pequim, Praga, Nairóbi, Toscana, Estados Unidos (Banco Mundial em Washington, D.C., New School em Nova York, Darden School na Universidade de Virgínia e uma conferência da Academy of Management, Canadá (Vancouver, Ottawa, St. Jerome e Ste. Marguerite, Quebec e com os Sauvé Scholars na McGill) e, mais recentemente, em Lima, Paris, Tóquio e, finalmente, duas na faculdade de gestão Desautels da Universidade McGill.

Para onde vou daqui? Continuo trabalhando em algumas dessas ideias e espero postar o que surgir no meu *site* (mas não tenho ideia de quando vai ser, então, por favor, não pergunte!). O que posso dizer agora é que os colegas na McGill e eu estamos fazendo um GROOC — um MOOC (curso on-line aberto e massivo) para grupos — intitulado "Social Learning for Social Impact" (aprendizado social para impacto social) que está programado para aparecer no edX em setembro de 2015 (ver https://www.mcgill.ca/desautels/programas/grooc). Também comecei um TWOG — de tweet2blog — acessível via Twitter @Mintzberg141, ou diretamente em mintzberg.org, que compartilha "reflexões estimulantes em uma página ou duas em vez de pronunciamentos sucintos de uma ou duas frases" aprofundando todos os tipos de questões, incluindo o reequilíbrio da sociedade.

Apreço especial

Minhas passagens no exterior significativamente moldaram esta empreitada, mas talvez de maior influência tenha sido minha sorte em ter sido criado e ter continuado a desfrutar de uma cidade tão vibrante como Montreal, em uma província tão humana como Quebec, em um país que é tão equilibrado como o

Canadá.[2] Não menos influente foi minha vida acadêmica na McGill, uma universidade que permanece acadêmica no melhor sentido do termo. Foram lugares maravilhosos para refletir sobre as grandes questões do nosso tempo, especialmente como elas se manifestam no vizinho poderoso. Os canadenses vivem perto o suficiente dos Estados Unidos para entender muito bem os americanos, mas distantes o suficiente para ver as coisas de forma um pouco diferente.

Um agradecimento especial pela ajuda prestada, pronunciamentos corrigidos e comentários sugeridos —a Bill Litwack, por encontrar grandes melhorias conceituais e erros gramaticais, e a José Carlos Marques, por preencher lacunas e sinalizar uma série de deficiências significativas, além de Gui Azevedo e Rennie Nilsson que desempenharam papel similar nas fases iniciais. Também pelas várias sugestões úteis agradeço a Farzad Khan, Alvaro Bermejo, Alan Engelstad, Fred Bird, Sasha Sadilova, Brian King, Tana Paddock, Dulcie Naimer, a minhas filhas Susie e Lisa, ao rabino Ron Aigen (por um sermão em setembro de 2010, do qual peguei emprestado o título *Renovação Radical*[3]) e muitas pessoas atenciosas que participaram das oficinas. Uma

---

2   Mihaela Firsirotu, Yvan Allaire e eu temos trabalhado em um livro intitulado Canadians on Balance (canadenses em equilíbrio), que junta os escritos de muitos canadenses em questões sociais, políticas e econômicas.

3   O título faz referência ao histórico Jubileu Judaico, em que a cada 50 anos um sociedade recebia a chance de começar tudo de novo.

conferência esclarecedora organizada por Allen White do Instituto Tellus em 2013 (www.corporation2020.org) me levou a escrever o Capítulo 4 (bem quando acreditava ter finalmente acabado!). John Breitner surgiu com várias sugestões incisivas, incluindo uma que levou à "pergunta de John". Meus agradecimentos também a Irene Piorkowski, que fez a pergunta que leva seu nome no texto. Mary Plawutsky, Nic Albert e Laura Larson entraram no fim para limpar as coisas e Michael Bass para dar andamento na produção, enquanto Nina Coutinho, Tatiana Saliba, Karl Moore, Ron Duerksen, Chris Chipello e Leilani Ku trabalharam diligentemente para editar este material. Mais uma vez, ainda mais agora, estou encantado de trabalhar com Berrett-Koehler, uma ilha de sanidade e benevolência na louca indústria editorial. Se alguma vez um livro já caiu como uma luva em uma editora, foi este.

Finalmente, um agradecimento especial a Santa Balanca-Rodrigues, não só por trabalhar com todos aqueles esboços (já que na maioria das vezes escrevo *fora* do normal), mas também por ter conseguido manter o resto da minha vida de trabalho em ordem com sua natureza encantadora habitual.